MARCO POLO

TÜRKISCHE WESTKÜSTE

Reisen mit Insider Tipps

> Wir sind fasziniert vom Charme der Ägäis und ihrer tiefblauen Farbe. Wer abseits touristischer Pfade Wälder, Wind und wilde Natur liebt, muss an die Westküste.
> *MARCO POLO Autoren*
> Dilek Zaptçıoğlu und Jürgen Gottschlich
> (siehe S. 131)

Spezielle News, Lesermeinungen und Angebote zur Türkischen Westküste:
www.marcopolo.de/tuerkei-westkueste

TÜRKISCHE WESTKÜSTE

> SYMBOLE

Insider Tipp MARCO POLO INSIDER-TIPPS
Von unseren Autoren für Sie entdeckt

★ **MARCO POLO HIGHLIGHTS**
Alles, was Sie in an der Türkischen Westküste kennen sollten

☼ **SCHÖNE AUSSICHT**

📶 **WLAN-HOTSPOT**

▶▶ **HIER TRIFFT SICH DIE SZENE**

> PREISKATEGORIEN

HOTELS
€€€ über 80 Euro
€€ 40–80 Euro
€ unter 40 Euro
Die Preise gelten für zwei Personen im Doppelzimmer mit Frühstück pro Nacht

RESTAURANTS
€€€ über 30 Euro
€€ 15–30 Euro
€ unter 15 Euro
Die Preise gelten für ein Essen mit Vor-, Haupt- und Nachspeise und ein Getränk

> KARTEN

[120 A1] Seitenzahlen und Koordinaten für den Reiseatlas Türkische Westküste

Karten zu İzmir, Bodrum, Kuşadası und Marmaris finden Sie im hinteren Umschlag. Eine Karte zu Pergamon finden Sie auf Seite 41, zu Ephesos auf S. 86. Zu Ihrer Orientierung sind auch die Orte mit Koordinaten versehen, die nicht im Reiseatlas eingetragen sind

---

■ **DIE BESTEN MARCO POLO INSIDER-TIPPS** .... **UMSCHLAG**
■ **DIE BESTEN MARCO POLO HIGHLIGHTS** 4

■ **AUFTAKT** 6

■ **SZENE** 12

■ **STICHWORTE** 16
■ **EVENTS, FESTE & MEHR** 22
■ **ESSEN & TRINKEN** 24
■ **EINKAUFEN** 28

■ **NÖRDLICHE ÄGÄIS** 30
■ **İZMIR UND UMGEBUNG** 54
■ **SÜDLICHE ÄGÄIS** 66

INHALT

> SZENE
S. 12–15: Trends, Entdeckungen, Hotspots! Was wann wo an der türkischen Westküste los ist, verrät der MARCO POLO Szeneautor vor Ort

> 24 STUNDEN
S. 98/99: Action pur und einmalige Erlebnisse in 24 Stunden! MARCO POLO hat für Sie einen außergewöhnlichen Tag in İzmir zusammengestellt

> LOW BUDGET
Viel erleben für wenig Geld! Wo Sie zu kleinen Preisen etwas Besonderes genießen und tolle Schnäppchen machen können:

Preiswerte Alternative zu Frühstück in Ayvalık S. 46 | Happy Hour am Strand von Çeşme S. 60 | Sparen und Genießen bei einer „Blauen Reise" außerhalb der Hauptsaison

> GUT ZU WISSEN
Was war wann? S. 10 | Spezialitäten S 26 | Die Schönste im Land S. 36 | Nachtgedichte S. 52 | Die ersten blauen Reisen S. 71 | Blogs & Podcasts S. 74 | Bücher & Filme S. 93

AUF DEM TITEL
Blaue Reise in der südlichen Ägäis S. 72
Sommerkonzerte in Ephesos S. 85

- ■ **AUSFLÜGE & TOUREN** **94**
- ■ **24 STUNDEN IN İZMIR** **98**
- ■ **SPORT & AKTIVITÄTEN** **100**
- ■ **MIT KINDERN REISEN** **104**

- ■ **PRAKTISCHE HINWEISE** **108**
- ■ **SPRACHFÜHRER TÜRKISCH** **114**

- ■ **REISEATLAS TÜRKISCHE WESTKÜSTE** **118**
- ■ **KARTENLEGENDE REISEATLAS** **126**

- ■ **REGISTER** **128**
- ■ **IMPRESSUM** **129**
- ■ **UNSERE AUTOREN** **130**

- ■ **BLOSS NICHT!** **132**

ENTDECKEN SIE DIE TÜRKISCHE WESTKÜSTE!

Unsere Top 15 führen Sie an die traumhaftesten Orte und zu den spannendsten Sehenswürdigkeiten

Die Highlights sind in der Karte auf dem hinteren Umschlag eingetragen

 Athena-Tempel
Von den Ruinen des Tempels in Assos erleben Sie, wie schön Sonnenuntergänge in der Ägäis sind (Seite 32)

 Kazdağı/Berg Ida
An der Olivenriviera: ein wunderbarer Ort zum Wandern und Entspannen (Seite 34)

 Cunda (Alibey Adası)
Die windumtoste Halbinsel mit ihrer schönen Altstadt und ihren Fischrestaurants ist einen Ausflug wert (Seite 38)

 Bergama/Pergamon
Die Spuren der großen Zivilisation an der türkischen Ägäis werden noch immer von Archäologen freigelegt (Seite 39)

 Bozcaada
Eine Insel zum Verlieben – herrliche Badebuchten und Weinberge laden ein (Seite 44)

 Troja
Ein unendlicher Krieg und ein hölzernes Pferd: Reise in die Vergangenheit auf Odysseus' Spuren (Seite 52)

 Foça
Wussten Sie's? Marseille wurde von Seefahrern aus Phokaia, dem heutigen malerischen Fischerdorf Foça, gegründet (Seite 59)

 Kemeraltı
Ein Streifzug durch die Gassen des alten Basarviertels in İzmir gehört zum Pflichtprogramm (Seite 62)

> DIE BESTEN MARCO POLO HIGHLIGHTS

 Sardes
Das Gold kam aus dem Fluss Poktolos: Wo einst König Krösus sagenhafte Schätze hortete, ist heute noch der berühmte Artemis-Tempel zu sehen (Seite 64)

 Burg von Bodrum
Die alte, schön restaurierte Johanniterburg beherbergt einen besonderen Schatz: das faszinierende Museum für Unterwasserarchäologie mit seinen Funden aus vielen Schiffswracks (Seite 69)

 Blaue Reise
Auf einer wunderschönen Holzyacht von Bucht zu Bucht schippern und sich in türkisfarbenen Wellen von allen Sorgen reinwaschen (Seite 72)

 Bodrum-Halbinsel
Die natürliche Schönheit der Umgebung Bodrums steht in Kontrast zur ausgebauten Ferienmetropole (Seite 73)

 Didyma/Didim
Antikes Orakelzentrum und die Überbleibsel einer gigantischen Tempelanlage, die nie beendet wurde (Seite 84)

 Ephesos/Selçuk
Eine fast vollständig erhaltene griechische Stadt der Antike – der Besuch von Ephesos ist ein Muss! (Seite 85)

 Alaçatı
Bei Çeşme vor İzmir liegt der Strand, der sich zum Mekka der Wassersportler gemausert hat (Seite 102)

WAS FÜR EINE KÜSTE!

Halbinsel Turunç bei Marmaris

AUFTAKT

> Die Ägäis, das blaue Meer zwischen Griechenland und der Türkei, ist das Ziel aller Besucher der türkischen Westküste. Ein Ziel, das weit mehr ist als nur Badebuchten und Strandurlaub. In den Olivenhügeln entlang der Küste verstecken sich die klangvollsten Namen der Antike: Troja, Pergamon, Milet und Ephesos, die wohl besterhaltene antike Metropole der Welt. Und trotzdem ist die türkische Ägäisküste kein überlaufenes Museum, sondern ein Erlebnisraum für Neugierige. Von den einsamen Stränden im Norden über die trendigen Buchten rund um Izmir bis hin zu Bodrum, dem türkischen St. Tropez im Süden, ist für jeden etwas dabei.

> Ein vom Wind zersauster einsamer Norden, die betriebsame, quirlige Mitte rund um İzmir und das mondäne Bodrum im Süden, das sind die groben Orientierungsmarken für die türkische Ägäisküste. Vor allem im Norden hat der Massentourismus noch nicht jeden Winkel erobert, es gibt noch viel zu entdecken.

Um mit dem griechischen Historiker Herodot zu sprechen: Die Ägäis hat „den schönsten Himmel und das beste Klima" der Welt. Während die Mittelmeerküste in der Gegend von Antalya mit ihren weitläufigen Stränden und Feriendörfern eher Pauschaltouristen anspricht, lockt die Westküste Individualisten an. Denn hier werden Sie nur wenige kilometerlange Sandstrände finden, das Meer ist oft aufgewühlt und etwas kühler als weiter südlich. Dafür bietet die Küste viel Abwechslung und Kultur. Olivenbäume, ein „ägäisblaues" Meer und antike Stätten, die in interessante Freiluftmuseen umgewandelt wurden, prägen den Landstrich. Und: keine Ägäis ohne das griechische Erbe. Die meisten Siedlungen der türkischen Westküste waren einmal auch von Griechen bewohnt. Die Küste bildete durch die Jahrtausende eine sichere Lebensgrundlage für Muslime, Christen und Juden.

Westanatolien ist die Wiege vieler Zivilisationen von den Lykiern bis zu den Byzantinern und Osmanen. Da-

> **Die türkische Ägäis lockt Individualisten an**

von zeugen vor allem die – oft jahrhundertealten – Olivenbäume, die zu den ältesten Kulturpflanzen gehören. In teilweise bizarren, verschlungenen Formen wachsen sie an der gesamten Küste, vom Marmarameer bis in den Süden. Die fruchtbaren Täler der großen Flüsse Menderes und Gediz und der vielen kleineren Gewässer,

Was von einer Legende übrig blieb: Säulenreste in Troja

AUFTAKT

die in den Bergen des Hinterlandes ihre Quellen haben, machen die Erde fruchtbar. In großen Gewächshäusern, die sich in den Tälern wie lauter kleine Seen ausbreiten, wachsen das ganze Jahr über Tomaten, Paprika oder Auberginen.

Am regionalen Wohlstand hat natürlich auch der Tourismus Anteil: Klangvolle Namen wie Troja, Pergamon und Ephesos locken alljährlich Scharen von Besuchern an. Ephesos war zur Zeit des Römischen Reiches eine der größten Städte der Welt. Es reflektiert heute, nach glanzvoller Restauration, nicht nur den materiellen, sondern auch den ideellen Reichtum der ionischen Kultur. Weiter südlich liegt Priene, das sich durch seinen von Hippodamus aus Milet geschaffenen geometrischen Grundriss auszeichnet. Milet war ein kulturelles Zentrum mit wichtigen kommerziellen und religiösen Bauten, deren schönste Teile heute im Berliner Pergamon-Museum zu besichtigen sind. Das benachbarte Didyma ist berühmt wegen seines einmaligen, dem Apollo geweihten Tempels.

Ein großer Sonnenhut gehört zu den wichtigsten Reiseutensilien, samt Schleife zum Befestigen, denn die Ägäis ist windig. Die fallartigen Luftströmungen vom Norden und Südosten prallen vor allem auf die beiden Inseln Gökçeada und Bozcaada am Ausgang der Dardanellen. Hinter der Großstadt İzmir lassen die Winde nach, in Bodrum nehmen sie wieder zu. Aber keine Sorge, an der zerfurch-

> **Südlich von İzmir liegen die besten Segelreviere der Türkei**

ten Küste finden Sie genug windstille Badebuchten und Sitzecken.

Manche mögen's jedoch windig, vor allem Segler und Surfer. Ab İzmir südwärts, vor allem unterhalb der Halbinsel Didyma, gibt es die besten Segelreviere der Türkei. Die riesige Bucht von Gökova zwischen Bodrum und Marmaris ist ein Paradies für Wassersportler. Hier gibt es zahlreiche versteckte Plätzchen, die auf dem Landweg nicht erreichbar sind. Das Wasser ist so klar und sauber, dass Sie gar nicht wieder an Land gehen möchten. Zudem könnten Sie dabei unter den Pinien über antike Tempel- und Theaterreste stolpern.

Überhaupt verfügt die Ägäis über so schöne Badeplätze, dass Sie noch monatelang von Ihren Sprüngen in das azurblaue Meer träumen. Bei der

WAS WAR WANN?
Geschichtstabelle

70 000–80 000 v. Chr. Älteste Jägerkulturen in Anatolien

Um 6000 v. Chr. Übergang zur Agrargesellschaft

3700 v. Chr.–400 n. Chr. Trojas zehn Kulturstufen

7. Jh. v. Chr. Hochblüte des lydischen Reiches in der Umgebung von Manisa (Sardes); die ersten Münzen (620 v. Chr.)

6. Jh. v. Chr. Hochblüte der Kultur in Milet

4. Jh. v. Chr. Karisches Reich unter Mausolos im heutigen Bodrum.

334 v. Chr. Alexander der Große überquert die Dardanellen.

Nach 131 v. Chr. Pergamon und Westanatolien werden zur Provincia Asia des Römischen Reiches

395 Teilung des Römischen Reiches in Westrom und Ostrom (Byzanz)

6. Jh. Das Christentum wird zur Staatsreligion in Byzanz

Um 1300 Die Osmanen erobern Westanatolien (1453 Einnahme İstanbuls)

16. Jh. Das gesamte östliche Mittelmeer gehört dem Osmanischen Reich.

1914–18 Erster Weltkrieg. Die griechische Armee besetzt Westanatolien

1919–23 Türkischer Befreiungskrieg unter Mustafa Kemal (Atatürk), Gründung der Türkischen Republik

1974 Zypernkrise

1980 Dritter und jüngster Militärputsch

1999 EU-Kandidatur der Türkei

2007 Die islamische Partei für Gerechtigkeit und Entwicklung (AKP) gewinnt erneut die Wahlen.

Entdeckung all der kleinen Buchten wird schnell klar, warum die türkische Ägäisküste auf der Landkarte kürzer aussieht als die Mittelmeerküste, in der Realität jedoch über 1000 km mehr misst, nämlich genau 2805 im Vergleich zu den 1577 km des Mittelmeerteils. Türken unterscheiden übrigens deutlich zwischen den Meeren *ege* (Ägäis) und *akdeniz* (Mittelmeer), obwohl die Ägäis natürlich nur ein Teil des Mittelmeers ist, des Weißen Meeres, wie es im Türkischen heißt, oder des *mare nostrum* (Unser Meer), wie die Römer es nannten.

Die Metropole İzmir ist das Ballungsgebiet der Küste. Die Stadt liegt an einer tiefen Bucht, die dank erfolgreicher Reinigungsmaßnahmen keine unangenehmen Düfte mehr verbreitet. Ölraffinerien und Fabriken sowie ein reger kommerzieller Hafenbetrieb machen İzmir zu einer Industriestadt. Trotzdem lohnt sich ein kurzer Aufenthalt hier, vielleicht zum Fischessen an der schönen Promenade, dem Kordon, auf den die İzmirer so stolz sind. Palmengesäumte Alleen mit alten Häusern im mediterranen Stil sind ein typisches Merkmal İzmirs. Ein weiterer guter Grund für einen Besuch ist das Archäologische Museum, das eine sehr gute Kollektion antiker Werke beherbergt.

Die türkische Riviera im Süden ist fest in der Hand ausländischer Touristen, aber die Ägäis gehört stellenweise noch ganz den Türken. Vor allem der nördliche Teil der Küste, bis İzmir, ist touristisch nicht besonders erschlossen. Wegen seiner Nähe zu İstanbul, İzmir, Bursa oder Balıkesir ist dieser Küstenabschnitt bei wohlhabenden Städtern beliebt. Während die Ehemänner wochentags arbeiten gehen, residiert der Rest der Familie in den dreimonatigen Sommerferien am Strand. So musste mancher Olivenhain oder Obstgarten mehr schlecht als recht gebauten Sommerhäusern weichen.

schließen Mittagspausen mit Fisch und Wein sowie mehrstündige Badeaufenthalte an besonders schönen Stellen ein. Auch die dicht an der Küste liegenden griechischen Inseln sind relativ gut erreichbar: Kos ist von Bodrum, Rhodos von Datça nur einen Katzensprung entfernt. Sie können aber auch ein typisches türkisches Segelboot aus Holz samt Captain und Crew chartern und sich tage- oder gar wochenlang auf sanften Wellen von einer Bucht zur anderen schaukeln lassen: Die zauberhafte „Blaue Reise" durch die Ägäis kann süchtig machen. Und wer weiß, vielleicht finden Sie ein Boot mit netter Besatzung, das Sie nicht nur einmal, sondern künftig jedes Jahr für ein paar Wochen Meeresabenteuer reservieren wollen.

Die osmanische Vergangenheit ist noch lebendig im Bazar in İzmir

> ### Die zauberhafte Blaue Reise kann süchtig machen

Wo so viel zu besichtigen ist, gibt es vielfältige Möglichkeiten, Tagesreisen zu unternehmen. Gute Hotels organisieren Jeepsafaris in das gebirgige Hinterland, mit schönen Holzbooten können Sie Ausflüge in die Umgebung machen. Solche Touren

▶▶ WAS IST ANGESAGT?

Trends, Entdeckungen und Hotspots! Unsere Szene-Scouts zeigen Ihnen, was an der türkischen Westküste los ist

Nesrin und Güsor Tanç

Nesrin Tanç arbeitet als Kunst- und Kulturmanagerin. Als großer Izmir-Fan hat sie sich in den, in Izmir geborenen Musiker Güsor Tanc verliebt. Mehr als die Hälfte ihrer Zeit verbringen unsere beiden Szene-Scouts an der türkischen Westküste. Dort holen sie sich die Inspiration und tanken Kraft für ihre Arbeit. Dabei halten Nesrin und Güsor immer die Augen offen nach den neuesten Trends.

▶▶ HARMONIE PUR

Auf der Suche nach der inneren Mitte

Ob Rohkost, Ayurveda, Yoga oder Qi-Gong – das Bewusstsein für einen alternativen Lifestyle ist in die Köpfe gerückt und die asiatische Lehre ist angesagt wie nie zuvor. Großreinemachen steht im Detox Center von *The Life Co* auf dem Programm: Bodybalancing mit Yoga und Meditation, plus Entschlacken und Entgiften mit Rohkost. Nach dem Motto „Du bist was du isst" gibt's hier nur gesundes Gemüse *(Bagarasi Mahallesi, Ada Otel Capraz, Göltürkbükü, Bodrum, www.thelifeco.com)*. Lust auf alternativen Lifestyle-Luxus? Kein Problem: Detox de Luxe findet man im *Six Senses Spa* mit Ernährungsprogramm plus Yoga und Qui Gong *(Six Senses Spa at Kempinski Hotel Barbaros Bay, Kizilagac Koyu, Gerenkuyu Mevkii Yaliciftlik, Bodrum, www.sixsenses.com,* Foto*)*. Zwischen Oliven- und Johannisbrotbäumen entspannt man im Yoga Center bei Bodrum inmitten wilder Natur *(Über das ECE-Resort, Hürriyet Cad Nr 64, Göltürkbükü, Bodrum, Muğla, www.eceresort.com)*.

SZENE

▶▶ RIVIERA-KLÄNGE

Inspiriert von der Region

In ihren Liedern greifen Musiker immer wieder die Schönheit der Küste auf. So auch die gebürtige Izmirerin Sezen Aksu, die als einer der größten Stars des Landes gilt und noch gerne in der Region auftritt *(www.sezenaksu.com.tr)*. Sehen und hören kann man sie z.B. in Bursa im *Fuar Açıkhava Tiyatrosu (Açıkhava Tiyatrosu Cad.)*. Auch die bekanntesten Instrumentalisten stammen aus Izmir, z.B. Muammer Ketencioglu, der Akkordeon spielt und damit sehr erfolgreich ist. Sein Album *Izmir Hatirasi* handelt ausschließlich von der Region *(www.muammerketencoglu.com)*. Der Klarinettist Hüsnü Senlendirici *(www.husnusenlendirici.com)* gibt viele Konzerte in seiner Heimat, z.B. im *Bursa Almira Hotel (Ulubatli Hasan Bulvari Nr.5, Bursa)*.

▶▶ FERNWEHKÜCHE

Aromen aus aller Welt

Die Kochgenies experimentieren mit ihren Traditionen und schielen auf die Zutaten fremder Länder. Einer von ihnen ist Hüseyin Özer. Der Chefkoch des *Paparazzi* bedient sich der Küche Italiens und bringt türkische Schärfe in Gerichte wie Risotto und Macaroni *(Ayayorgi, Çeşme, www.paparazzi.com.tr)*. Auch der Koch im *Picante* mixt nach Herzenslust. Das türkisch-mexikanische Fusionfood macht Lust auf mehr und das ist hier kein Problem, denn die Speisekarte ist riesig! Passend zur temperamentvollen Küche: das schrill-bunte Interior *(Kemalpaşa Cad. Nr 67, Alaçatı, Çeşme, www.picante.com.tr, Foto)*. Das avantgardistische *Sudan Cafe* ist die perfekte Location für Fusion-Fans mit Hang zur Detailfreude! Hier isst das Auge garantiert mit *(Hacimemis mh. Mithatpasa Cad. Nr. 22, Alaçatı, Çeşme)*.

▶▶ AUFGESATTELT

Türkische Cowboys

Die türkische Riviera hat mehr zu bieten als Wassersport. Mit 1 PS geht es auf dem Rücken von Pferden durch Pinienwälder auf Safari. Pferdeliebhaber zieht es auf die *Desperado Ranch*. Hier trabt man während der Wanderritte an den Flussufern entlang oder entdeckt das Hinterland beim Reitercamping *(Ende des Sandstrandes in Yanıklar zwischen Göçek und Fethiye, www.desperado-ranch.de)*. Salih, der Besitzer der Dörtnal Ranch war früher professioneller Jockey und Mitglied des türkischen Nationalteams im Springreiten. Nun hat er sich seinen Traum erfüllt und arbeitet auf seiner Farm als Reitlehrer und Rancher. Seine Frau, Felis, bietet Hippotherapie an *(Hisarönü, Marmaris, www.dortnal.com)*. Für echte Pferdenarren der Himmel auf Erden: die *Turgutreis Countryranch*. Hier gibt's Ausritte, Safaris, Springturniere und ein Restaurant *(Irismaritime ltd.Şti. İslamhaneleri Turgutreis, Bodrum, www.countryranch.net)*.

▶▶ TREFFPUNKT: KUNST

Innovativ und anders

Neue Wege beschreiten die Kreativen: Ihre Werke sind ein Mix aus abstrakt und gegenständlich. Die Bilder des Malers Bedri Baykam werden von dunklen Farben dominiert *(www.bedribaykam.com)* und verbreiten eine düstere Stimmung, der man sich kaum zu entziehen vermag. Über die Bilder von Baykam und Co. diskutiert die Kunstszene im *Kirmizi Ardiç Kuşu*. Die besondere Location ist Galerie, Restaurant und Kunstcafé in einem *(Kemalpaşa Cad. Nr. 96, Alaçatı-Çeşme, İzmir, www.kirmiziardic.com, Foto)*. Hier gibt's Werke von Mehmet Güleryüz *(www.mehmetguleryuz.com)* und anderen Künstlern zu sehen. Weiterer Meetingpoint der Szene: die *Bodrum Art Gallery*. Von klassischen Miniaturarbeiten bis zu ultramodernen Installation ist hier alles zu sehen *(Kıbrıs Şehitleri Cad. Güney Çarşısı Nr 321, www.bodrumart.org.)*

▶▶ SZENE

▶▶ GETANZTE LEIDENSCHAFT

Tango erobert die Küste

Traditionelle Tänze haben ausgedient – das Temperament der Locals spiegelt sich seit neuestem im Tango wieder, so dass immer mehr Tangoschulen eröffnen. Ganz vorne mit dabei ist das *Dance Studio La Tango Zone* (*Kibris Şehitler Cad., 1444 Sk. Nr. 11, Kat 5, Daire 11, Neveser Apt., Alsancak, İzmir, www.atangozone.com*, Foto). Tanzfieber herrscht auch im Restaurant *Agrilla*. Nach dem Dinner werden die Tische zur Seite geräumt und Tangolehrer Ozan Firat zeigt die Basics. Danach ist mitmachen angesagt (*Agrilla, Kemalpasa Cad., www.altango.net/ozan.html*). Feuer gefangen? Im *Altango Dans Studyosu* kann man die Kenntnisse vertiefen (*Kibris Şehitleri Cad. Kamer Is Mrekezi Nr. 24 Kat 4 Daire 7 Alsancak, İzmir, www.altango.net*).

▶▶ DER FRISCHEKICK

Gepimpter Joghurtdrink

Hitze und Sonne machen erfinderisch – vor allem was Erfrischungsgetränke angeht. Jetzt wurde das Nationalgetränk Ayran gepimpt: Wer hipp ist, trinkt *Ayransoda*. Der salzige Joghurtdrink wird nun mit perligem Mineralwasser gemixt und verspricht den Extrakick. Kaufen kann man Ayransoda in *Bakkals* – einer Art Tante Emma Laden – oder auch Supermärkten wie zum Beispiel dem *Bim* (*Ilica Mah. Cad. Nr. 95, Ilica-Çeşme, İzmir, www.bim.com.tr*).

▶▶ CLIFFHANGER

Bouldern und Sportklettern

Die Granitblöcke am *Bafa See* sind das neu entdeckte Boulderparadies der Westküste. Ungesichert klettert man an Überhängen bis zu zwei Meter über dem Boden und lässt sich beim Abgang auf die Sicherheitsmatte fallen (*Direkt über die Abfahrt von Bafa nach Kapikiri zu erreichen*). Keine Höhenangst? Dann am besten den Felsen von *Kaynaklar* bei İzmir bezwingen (*Nif Dagi, östlich von Buca*). Die richtige Ausstattung gibt's im *Bafaholds*. Praktisch: An der hauseigenen Kletterwand kann man erste Handgriffe üben (*Sokak Nr. 1, Daire 4, Izmir, www.bafaholds.com*). Mutige fahren zum Outdoorklettern nach Urla (*Narli Bahce Mevkii Nr. 5, Izmir, www.titus.com.tr*).

> # TÜRKEN, GRIECHEN, WEIN UND OLIVEN
Notizen zu der ägäischen Kultur, wie sie seit Jahrhunderten auf der türkischen Seite gelebt wird

ARCHÄOLOGIE

Ausgrabungen an der ägäischen Küste Anatoliens gibt es seit dem 19. Jh. Nachdem die verschuldeten osmanischen Sultane ganze Tempel und Tore für symbolische Preise abtransportieren ließen und manches Stück illegal die Grenzen passierte, versucht Ankara heute seine antiken Schätze, wie z. B. den Pergamon-Altar – der sich seit rund 100 Jahren im Berliner Pergamonmuseum befindet –, zurückzubekommen. Antike Stätten werden gut bewacht und Besuchern zugänglich gemacht. Es arbeiten hier überwiegend französische und deutsche Archäologen, das Deutsche Archäologische Institut hat eine Niederlassung in İstanbul.

Eine großartige Grabungsstätte ist das antike *Troja*, um dessen Erforschung sich der 2005 leider viel zu früh verstorbene deutsche Archäo-

Bild: Ausgrabungsstätte in Troja

STICH WORTE

loge Manfred Korfmann verdient gemacht hat. In der hellenistisch-römischen Königsresidenz *Pergamon* begannen die ersten Grabungen 1878 mit dem Ziel, die Reliefs des Pergamon-Altars zu bergen. Der deutsche Ingenieur Carl Humann war bei Bauarbeiten zufällig auf die antiken Steine gestoßen. Seitdem gehen die Ausgrabungen in Pergamon unaufhörlich weiter. Ca. 130 km südlich von İzmir liegt das antike *Didyma* (heute Didim), wo im 19. Jh. britische und französische Archäologen gruben und forschten. Theodor Wiegand arbeitete im Auftrag der Preußischen Museen von 1905 bis 1913 mit zahlreichen Helfern, ihm gelang die Freilegung des gesamten Areals. Heute wird hier, in der Nähe des Grenzverlaufs der antiken Landschaften Ionien und Karien, vor allem am Apollo-Tempel und an der Heiligen Straße gearbeitet.

ATATÜRK

Überall werden Sie ihm begegnen. Seine Büsten und Statuen sind inflationär über das Land verteilt – so hätte er es sich niemals gewünscht. Mustafa Kemal aus Saloniki, der glorreiche Offizier im Dienst des letzten osmanischen Sultans, der Anführer des türkischen Befreiungskriegs, von den Türken mit Liebe und Respekt „Atatürk" (Ahne der Türken) genannt, ist der türkische Nationalheld. Die Türken bewundern nicht nur, dass er den Mut und die Kraft hatte, das nach dem Ersten Weltkrieg zermürbte Land wieder zu stabilisieren. Bewundert werden vor allem seine Reformen, mit denen er die rückständige Türkei den Industrienationen gleichstellen wollte: der Wechsel von arabischer zu lateinischer Schrift und zum gregorianischen Kalender und westlicher Gesetzgebung, die Gründung eines demokratischen Parlaments, die rechtliche und soziale Gleichstellung der Frau. Der Republikgründer starb am 10. November 1938, er wurde nur 57 Jahre alt. Die Beleidigung der Persönlichkeit Atatürks ist in der Türkei verboten, seine Reformen seit dem Aufkommen der islamistischen Bewegung heftig umstritten.

FISCHEREI

Die Sardine ist ein Fisch der Ägäis, eine von 500 verschiedenen Arten, die Wissenschaftler in den Meeren um die anatolische Halbinsel herum zählen. Aber wo bleiben sie nur? Wer an die Ägäis reist, wird sich über das relativ karge Angebot an Meeresgetier wundern, über die Preise in den Restaurants noch mehr. Das hat damit zu tun, dass die Ägäis seit Jahrzehnten hemmungslos leergefischt wurde und von Juni bis September Fangverbot besteht. 70 Prozent des Fangs bleiben in griechischer, der Rest in türkischer Hand. Mit so schädlichen und schändlichen Methoden wie der Dynamitfischerei wurden ganze Laichgründe zerstört. Heute ist neben der Sardine der *çupra* – ein großer, rundlicher Barsch mit köstlichem, weißem Fleisch – der beliebteste Grillfisch. In Ayvalık gibt es die *papalina*, eine Verwandte des *hamsi* (Sardelle) aus dem Schwarzmeergebiet. Sie ist so klein, dass man sie samt Gräten essen kann. Überhaupt machen kleine Fische wie *hamsi*, *sardalya* (Sardine) und *istavrit* (Makrele) rund die Hälfte des Fangs in türkischen Gewässern aus. Größere Fische wie *lüfer* (Blaubarsch oder Luphar), *palamut* (Bonito), *levrek* (Seebarsch) oder *orkinos* (Thunfisch) sind seltener und teurer. Gelegentlich werden auch Katzenhaie gefangen.

inside Tipp

GRIECHENLAND

Westanatolien wurde über viele Jahrhunderte v. Chr. von den antiken Zivilisationen der Lydier, Lykier oder Karer beherrscht. Dann kamen die griechischen Kolonisatoren von der gegenüberliegenden Peloponnes und gründeten hier ihre Städte, so großartige Handels- und Kulturzentren wie Ephesos, Milet oder Priene. Die Griechen wurden von den Persern, diese wiederum von den Römern besiegt. Jahrhundertelang gehörte die Ägäis zum Byzantinischen Reich – bis im 15. Jh. die Osmanen ihre Er-

> *www.marcopolo.de/tuerkei-westkueste*

STICHWORTE

oberungszüge begannen. Ganz Hellas wurde Teil des Osmanischen Reiches. Die Griechen lebten unter osmanischer Verwaltung relativ unbehelligt, aber auch unfrei. Im frühen 19. Jh. kämpften sie als eines der ersten Völker des Balkan mit Erfolg um ihre Unabhängigkeit und erklärten die Zeit „unter osmanischem Joch" zur Periode der Stagnation. Die Osmanen betrachteten sie als Verräter.

Nach der Gründung der Türkischen Republik wurde ein gewaltiger Bevölkerungsaustausch (türk. *mübadele*) vereinbart und quasi über Nacht ausgeführt – Hunderttausende Menschen auf beiden Seiten waren entwurzelt. Griechen, die seit jeher in Anatolien lebten, wanderten nach Griechenland, wo sie als orientalische Fremdlinge angefeindet wurden. Muslimische Bauern aus dem Balkan wurden auf Inseln gebracht, auf denen sie nichts mit ihrem Leben anfangen konnten. Unvergessen blieb älteren Türken die Begeisterung der Griechen von İzmir über die griechische Invasion nach dem Ersten Weltkrieg. Für die Griechen blieb noch die Eroberung Konstantinopels 1453 als traumatisches Erlebnis im kollektiven Gedächtnis haften. In der türkischen Ägäis lebt das griechische Erbe heute in halb verfallenen Kirchen und in Liedern weiter. In İstanbul existiert noch das Patriarchat, das geistige Oberhaupt der orthodoxen Kirche. Es leben zwar nicht mehr viele Griechen auf der türkischen Seite der Ägäis, aber ihre Nachfahren kommen zu Besuch. Einen Gegenbesuch können aber nur die wenigsten Türken abstatten, da das EU-Visum nicht leicht erhältlich ist.

So sehen Nationalhelden aus: Statue von Mustafa Kemal, genannt „Atatürk"

ISLAM

Der Islam ist in der Türkei nicht Staatsreligion: Die moderne Republik hat aus Frankreich das Prinzip des Laizismus übernommen und achtet streng auf die Trennung von Staat und Religion. Aber das Volk spielt nicht so mit, wie gewünscht. So musste das Verschleierungsverbot in den 1920er-Jahren unter Androhung

Lebenswichtige Idylle: Olivenhain

der Prügelstrafe durchgesetzt werden. Die Verhüllung der Frau blieb das zentrale Problem des türkischen Laizismus. Mit den Wahlen von 2002 bzw. 2007 kam die religiös-konservative Partei der Gerechtigkeit und Entwicklung (AKP) an die Macht. Die Ägäisregion als westlichster Teil der Türkei war nie tief religiös. Die Weltoffenheit der Küstenbewohner, das Zusammenleben von Muslimen, Juden und Christen und der relativ große wirtschaftliche Wohlstand begünstigen heute noch die religiöse Toleranz an der Ägäis. Aber im Hinterland, in Städten wie Muğla oder Balıkesir, macht sich der Konservatismus sofort bemerkbar. Alkohol wird immer seltener ausgeschenkt!

OLIVE

Nichts kennzeichnet die Mittelmeerregion so sehr wie die Olivenbäume, deren spitze Blätter in der Sonne silbrig glänzen. So ist es nicht verwunderlich, dass die Olive in allen Kulturen dieses Landstrichs hoch geschätzt und sogar als heilig geachtet wurde. Sowohl in der Bibel als auch im Koran ist es sie, die nach der großen Flut von einer Taube zu Noahs Arche getragen und so zum Zeichen des neuen Lebens wird. Muhammed, der Prophet des Islam, liebte Oliven ihres Licht spendenden Öls wegen.

Die Türkei gehört mit mehr als 90 Mio. Bäumen zu den fünf wichtigsten Olivenproduzenten der Welt. Der Olivenbaum wächst mühsam, lebt aber sehr lange und gibt 15 bis 20 kg Oliven – allerdings nur alle zwei Jahre. Im Schnitt gewinnt man aus 5 kg Oliven 1 l Öl, ein Baum gibt also alle zwei Jahre 3 bis 4 l Olivenöl. Erntezeit ist über den Winter. Die Türken essen lieber schwarze als grüne Oliven, vor allem auch zum Frühstück. Es gilt: Je kleiner der Kern, desto besser die Frucht. Dabei darf der Kern nicht tiefschwarz sein. Dies würde darauf hindeuten, dass nicht der natürliche Reifeprozess stattgefunden hat, sondern mit Färbung nachgeholfen wurde. Die bekannteste unter den 28 türkischen

> www.marcopolo.de/tuerkei-westkueste

STICHWORTE

Olivensorten heißt Gemlik. Die Bucht von Gemlik oberhalb von İzmir ist das größte Anbaugebiet des Landes. Hier werden 18 Prozent der gesamten Olivenproduktion der Türkei erzielt. Die Ölmanufakturen (*yağhane*) sind meist Kleinbetriebe, die die Oliven in traditionellen Verfahren auspressen und das Öl dann in Flaschen oder Kanister abfüllen. Mittlerweile existieren aber auch große Ölfabriken, die ihre Arbeit mit modernen hydraulischen Pressen verrichten. Vor allem in Ayvalık gehört der Besuch der Ölmanufakturen unbedingt ins Programm – das Öl können Sie dort probieren und preisgünstig erstehen.

WEIN

Die Geschichte des Weins an der Ägäis ist mit Episoden aus Jahrhunderten geschmückt. Die berühmten Dionysos-Feiern sind genauso ein Bestandteil davon wie die in Bergklöstern von Mönchen gekelterten Weine. Als noch Hunderttausende Griechen an der türkischen Ägäisküste lebten, war mehr Wein im Umlauf als später in der Türkischen Republik, denn im Islam gibt es ein Alkoholverbot. Dieses wird im Landesinneren oft streng eingehalten, an der Küste jedoch fast überall ignoriert. Im Ramadan trinken Türken jedoch meistens keinen Alkohol. Heute wird fast ein Drittel des türkischen Weins auf Bozcaada in der Ägäis gekeltert. Die Marmaraküste westlich von İstanbul und Südostanatolien gehören zu den Hauptanbaugebieten. Türken bevorzugen zwar Rakı oder Bier, der Wein kommt jedoch immer mehr in Mode. Durch den Import neuer Rebsorten versucht man erfolgreich, die Qualität türkischen Weins zu verbessern. Beste Marken: Doluca, Kavaklidere, Kayra und Talay.

> DAS KLIMA IM BLICK
Handeln statt reden   atmosfair

Reisen bereichert und verbindet Menschen und Kulturen. Jedoch: Wer reist, erzeugt auch CO_2. Dabei trägt der Flugverkehr mit bis zu 10 % zur globalen Erwärmung bei. Wer das Klima schützen will, sollte sich somit nach Möglichkeit für die schonendere Reiseform (wie z.B. die Bahn) entscheiden. Wenn keine Alternative zum Fliegen besteht, so kann man mit *atmosfair* handeln und klimafördernde Projekte unterstützen.

atmosfair ist eine gemeinnützige Klimaschutzorganisation.

Die Idee: Flugpassagiere spenden einen kilometerabhängigen Beitrag für die von ihnen verursachten Emissionen und finanzieren damit Projekte in Entwicklungsländern, die dort helfen den Ausstoß von Klimagasen zu verringern. Dazu berechnet man mit dem Emissionsrechner auf *www.atmosfair.de* wie viel CO_2 der Flug produziert und was es kostet, eine vergleichbare Menge Klimagase einzusparen (z.B. Berlin–London–Berlin: ca. 13 Euro). *atmosfair* garantiert, unter der Schirmherrschaft von Klaus Töpfer, die sorgfältige Verwendung Ihres Beitrags. Auch der MairDumont Verlag fliegt mit *atmosfair*.

Unterstützen auch Sie den Klimaschutz: *www.atmosfair.de*

DORFFESTE UND KLASSIKKONZERTE

Die antiken Stätten und die wunderschöne Natur sind eine grandiose Kulisse für fröhliches Feiern

> Der Festkalender an der türkischen Ägäisküste ist bunt: Im Sommer finden in touristischen Zentren wie Bodrum, Datça und Marmaris schöne Konzerte statt. Die Großstadt İzmir feiert ihre Internationalen Kulturtage, und die Dörfer im Hinterland heben sich ihre Feste für den Herbst auf. Ein unvergessliches Erlebnis ist ein Konzert in Ephesos: In der Celsus-Bibliothek klassischen Klängen zu lauschen ist fast eine Reise für sich wert. Karten für die Veranstaltungen gibt es unter: *www.biletix.com*

FEIERTAGE

1. Januar *Yılbaşı* (Neujahr); **23. April** *Ulusal Egemenlik ve Çocuk Bayramı* (Fest der nationalen Souveränität und der Kinder); **19. Mai** *Gençlik ve Spor Bayramı* (Tag der Jugend und des Sports); **30. August** *Zafer Bayramı* (Siegesfeiern zum Ende des Unabhängigkeitskriegs 1922); **9. September** *Befreiung İzmirs;* **29. Oktober** *Cumhuriyet Bayramı* (Gründungstag der Türkischen Republik 1923)

RELIGIÖSE FESTTAGE

Nach dem islamischen Mondkalender verschieben sich die Feste jedes Jahr um 11 oder 12 Tage nach vorn.
Kurban Bayramı (Opferfest): höchstes islamische Fest. 27.–30. Nov. 2009, 16.–19. Nov. 2010
Beginn des Ramadan (Fastenmonat). 21. Aug. 2009, 11. Aug. 2010
Zuckerfest: dreitägiges Fest zum Ende des Ramadan. 20.–22. Sept. 2009, 9. Sept.–11. Sept. 2010

FESTE UND VERANSTALTUNGEN

Januar
Kamelkämpfe in Selçuk: Bei Ephesos ringen am 21. Jan. Kamele vor über 10 000 Zuschauern.

März
Int. Jazztage in İzmir (13.–26. März)
Das kurdische Neujahrsfest *Newroz* wird vor allem in İzmir und Umgebung gefeiert. Vorsicht vor Ausschreitungen nach den jüngsten Ereignissen!

Aktuelle Events weltweit auf www.marcopolo.de/events

> EVENTS
FESTE & MEHR

April
Int. Buchmesse in İzmir
Drachenfest: Kinderfest am 23./24. April mit Drachen über der Datça-Halbinsel
Int. Fest der Umweltfilme in Bodrum

Mai
Regatten und ein *Kulturprogramm* in Marmaris (Anfang des Monats)

Juni
Kinder- und Jugendtheaterfest in Alaçatı

Juni/Juli
Int. Kultur- und Musikfestival in İzmir und antiken Stätten wie Ephesos und Milet

Juli
Folkloretänze, Musik und Theater in der Burg von Çandarlı (20.–22. Juli)
Sommerkonzerte in Ayvalık, Bodrum, Marmaris und anderen Orten

August
Segelregatta bei Altınoluk im Golf von Edremit (7./8. Aug.)
Int. Troja-Festival: In Çanakkale und Troja wird mit Veranstaltungen Homers, Heinrich Schliemanns und der trojanischen Kultur gedacht. (10.–18. Aug.)
Mandelerntefest auf der Datça-Halbinsel (18.–21. Aug.)
Weinlesefest der Winzer von Bozcaada

August/September
Bildhauer aus aller Welt schaffen in Milas im Freien neue Werke

September
Stierkämpfe in der Kreisstadt Ula bei Muğla hinter Bodrum (8./9. Sept.)
Internationales Tango-Festival in Marmaris (16.–21. Sept.)

Oktober
Theaterfest in Assos (erste Woche)
Yachtschau: In Bozburun sind drei Tage lang türkische Segelboote zu sehen.
Weinlesefest in Şirince und auf Bozcaada

November
Yachtfest in Marmaris

> FISCH, WEIN UND GUTE VORSPEISEN

Ein Abendessen an der Ägäisküste umfasst alles, was schon die alten Griechen liebten

> **Die türkische Küche geht größtenteils auf die osmanische zurück, die wiederum eine Synthese aus byzantinischer, persischer, türkischer und arabischer Küche ist.** Nördlich von İzmir, dort, wo der Tourismus noch nicht alles seinen Regeln unterworfen hat, wird besonders oft noch ursprünglich gekocht. Das Meer ist die wichtigste Nahrungsquelle, der *çupra* der begehrteste Fisch. Gegrillt schmeckt er am besten. Neben Fisch und Lammfleisch gehören Gerichte aus den Kräutern und Gemüsesorten der Ägäis zu den regionalen Spezialitäten: *börülce* (dünne Bohnen), *semizotu* (eine Art Spinat) oder *kabak çiçeği* (Kürbisblüten), die mit Reis gefüllt werden.

Im Hinterland, an Bächen und Flüssen, werden Sie auf einfache *lokanta* (Lokale) treffen, in denen Zuchtforellen *(alabalık)* und Hausmannskost zubereitet werden. Sei es

Bild: Restaurant in Marmaris

ESSEN & TRINKEN

im Norden in Çanakkale oder weiter südlich in Ayvalık oder bei İzmir in Foça: Frittierte Kalamares *(kalamar)*, Tintenfischsalat *(ahtapot salatası)*, papalina *(winzige, sardellenähnliche Fische)* oder auch Hummerkrabben *(jumbo karides, böcek)* und Hummer *(istakoz)* werden täglich frisch serviert. Frischen Fisch erkennen Sie an den tiefschwarzen Pupillen, in denen kein weißer Punkt oder Grauschleier sichtbar sein darf.

Die kleinen Vorspeisenteller, *meze,* sind ein unverzichtbarer Teil des türkischen Essens. Erst kommen die kalten Vorspeisen *(soğuk mezeler)* wie Auberginensalat *(patlıcan salata)*, gebratene Leber *(arnavut ciğeri)*, Tscherkessenhuhn *(çerkez tavuğu)* oder scharf gewürzte Tomatenpaste *(acı sos)*. Tintenfischsalate in verschiedenen Variationen und eingelegte Sardinen *(hamsi)* sind auch Vorspeisen. Dann geht man langsam zu den warmen Vorspeisen über, wie beispielsweise mit Schafskäse gefüllten Blätterteigrollen *(sigara böreği)*, Kalamares *(kalamar)* oder Shrimps aus dem Tontopf *(karides güveç)*. Eine Besonderheit der Ägäisküste sind Rucola und andere Salatpflanzen, die die Köche auf den Hügeln im Hinterland pflücken und daraus köstliche Salate *(ot salatası, roka)* mit gutem Olivenöl zubereiten. Sogar aus dem Meer kommen die Zutaten: Der Meeresbohnensalat *(deniz börülcesi)* wird mit Seegras zubereitet.

Wer Fleisch bevorzugt, findet auf der Speisekarte meist gegrilltes, sehr

> SPEZIALITÄTEN
Genießen Sie die typisch ägäische Küche!

adana kebap – gegrillte Hackfleischrollen, sehr scharf gewürzt

arnavut ciğeri – klein geschnittene Lammleber, in Mehl gewälzt und scharf angebraten

börek – Oberbegriff für Teigwaren aus dem Ofen mit Füllungen aus Spinat, Gehacktem, Käse oder Gemüse (Foto)

çerkez tavuğu – Brustfleisch vom Huhn, mit Walnüssen, Mehl und anderen Zutaten zu einer Paste gemixt

çingene pilavı – „Zigeunerreis" mit Schafskäse, Tomaten, Zwiebeln, Paprika

çoban salata – Hirtensalat, mit Tomaten, Gurken, Frühlingszwiebeln, Oliven

deniz börülcesi – so genannte Meeresbohnen, aus dem Meer gesammelt, in Süßwasser gelegt und anschließend mit Olivenöl und Zitrone angemacht

göbek salata – Kopfsalat mit geriebenen Möhren und fein gehacktem Rotkohl, mit Öl und Zitrone angemacht

gözleme – dünne Pfannkuchen, die mit Schafskäse, Hackfleisch oder Kartoffeln gefüllt werden – ein beliebter Snack

haydari – delikate Vorspeise aus Schafskäse, Joghurt, Petersilie, Minze und Knoblauch

imam bayıldı – Auberginengericht mit Knoblauch und Tomaten, mit Olivenöl gekocht und lauwarm gegessen

levrek buğulama – Zander im Gemüsebett, aus dem Ofen, mit köstlichem Sud

mantı – kleine türkische Tortellini, mit Hackfleisch gefüllt. Man isst sie mit Knoblauchjoghurt und Butter

menemen – Rührei mit Tomaten, Zwiebeln und Paprika, eine Spezialität aus İzmir

midye dolması – Miesmuscheln, mit Reis, Rosinen, Pinienkernen und Dill gefüllt

sucuklu yumurta – mit scharfer Knoblauchwurst garniertes Spiegelei

tarator – Paste aus Fischrogen, wird als Vorspeise auf Brot gestrichen

urfa kebap – gegrillte Hackfleischspieße, mild gewürzt

ESSEN & TRINKEN

zartes Lammfleisch *(ızgara)*. Daneben gibt es Lammkoteletts *(pirzola)* und -steaks *(külbastı)*, Lamm am Spieß *(kuzu çevirme)*, den berühmten Schaschlik *(çöp şiş)*, Hackfleischbällchen *(köfte)* oder Grillteller *(karışık ızgara)*. Als Beilage bekommen Sie Reis *(pilav)* und Pommes frites *(patates tava)*. Da Fleisch in der Hitze leicht verdirbt, sollten Sie auf sein Aussehen und seinen Geruch achten.

Vegetarier sind an der Ägäis gut aufgehoben, denn sie können auch in Fisch- oder Fleischrestaurants oft lauwarme, mit Olivenöl zubereitete Gemüsegerichte bestellen, beispielsweise Artischocken mit Bohnen *(zeytinyağlı enginar)*, grüne Bohnen *(zeytinyağlı fasulye)* oder Kidneybohnen mit Möhren *(barbunya pilaki)* und natürlich bunte Sommersalate.

Joghurt wird, vor allem im Sommer, reichlich verwendet: auf Reis, zu Gemüsegerichten, zu Zaziki *(cacık)* verarbeitet oder als leicht gesalzenes Getränk *(ayran)*. Den Döner werden Sie in Form eines *iskender kebap* – nämlich auf Fladenbrot, mit Butter, Tomatensoße und Joghurt übergossen – kaum wiedererkennen.

Nach dem Hauptgang isst man wegen der Hitze oft nur frisches Obst *(meyva)*. Schwere Desserts wie *baklava* (feine Blätterteigpastete) hebt man sich für kühle Abendstunden auf. *Sıcak helva* ist eine Ausnahme: Der köstliche überbackene türkische Honig, eine warme Nachspeise, wird nur auf der Bodrum-Halbinsel serviert. Das gute türkische Essen, das drei, vier Stunden in Anspruch nimmt, beendet man mit einem Mokka – ohne Zucker: *sade*, wenig Zucker: *az*, mittelsüß: *orta*, sehr süß: *şekerli*.

Und was trinkt man zum Essen? Ein gutes Efes Pilsener. Wein *(şarap)* ist wieder im Kommen, die Ägäisküste ein Hauptanbaugebiet (S. 21).

Gesund und lecker: die türkische Küche

Der hochprozentige Anisschnaps Rakı wird von Einheimischen bevorzugt. Aber das Hauptgetränk der Türken ist einfach Tafelwasser mit *(soda)* oder ohne Kohlensäure *(su)*.

Die am Meer gelegenen Restaurants sind die teuersten, aber nicht immer die besten. Wo viele Einheimische speisen, ist das Essen sicher gut. Informieren Sie sich vorab über die Fischpreise, lassen Sie den Fisch gegebenenfalls wiegen, und kontrollieren Sie die Rechnung *(hesap)*. Trinkgeld *(bahşiş)* – üblich sind 10 Prozent – wird auf dem Tisch zurückgelassen. Die meisten Restaurants haben abends ab 18 Uhr geöffnet, kleine *lokanta* jedoch nur tagsüber.

SCHÖNE DINGE ZU GUTEN PREISEN
Stoffe, Teppiche, Ledersandalen und Goldschmuck –
alles in Handarbeit angefertigt

› Handarbeit ist in der Türkei nicht überall billig. Aber an der Ägäisküste, die nicht vom Massentourismus beherrscht wird, gibt es schöne Stücke zu erschwinglichen Preisen. Je touristischer ein Ort und je zentraler dort der Laden, desto teurer ist er. Suchen Sie einfach in Seitenstraßen oder am Ortsrand nach einem anderen Geschäft. In den Seitengassen finden Sie noch Schuster, die Ledersandalen nach Maß fertigen. In der nördlichen Ägäisregion gibt es auch gute Keramik.

TEPPICH & KELIM

Hier im Hinterland der Ägäis können Sie sehr gute Teppiche und Kelims erwerben – oft zum halben Preis von Istanbul oder Antalya. Im Norden von *Bergama* (Pergamon) liegt auf 500 m Höhe das Dorf *Kozak*, wo Sie direkt vom Hersteller kaufen können. Das ganze Dorf lebt vom Weben und Knüpfen *(Minibusse von der Busgarage Otogar in Bergama)*. Mit einem feuchten Taschentuch gerieben, darf ein mit Wurzelfarben bearbeiteter Teppich nicht abfärben. Die besten Kelims (gewebte dünne Läufer, aber auch größere Teile aus Schaf- oder Ziegenwolle) gibt es im Hinterland von *Marmaris*, auf den Bergen, und in den Dörfern *Aşağı* und *Yukarı Mazı* bei Bodrum. Denken Sie dran: Je dichter die Knoten, desto sauberer das Muster und teurer der Teppich. Und: Sie dürfen feilschen!

MÄRKTE

An der Küste und in den Dörfern des Hinterlandes finden Sie zweierlei Märkte: Die einen sind „konstant" *(sabit pazar)* auf einen Distrikt beschränkt und bieten von Obst und Gemüse bis hin zu Badesandalen alles, was der Urlauber kurzfristig braucht. Die Wochenmärkte hingegen *(haftalik pazar)* werden nur an einem bestimmten Tag der Woche aufgebaut. Bis zum Sonnenuntergang verkaufen dann die Bewohner der umliegenden Dörfer hier ihre Produkte. Das sind zum einen frische Kräuter wie Thymian, Basilikum und Melisse – also alles, was auf den ägäischen Hügeln

> EINKAUFEN

wächst. Zum anderen fertigen Bäuerinnen in Heimarbeit herrliche Spitzen und Häkeleien. Schön bestickte weiße Baumwollstoffe sind eine Spezialität Westanatoliens. Der Berg Ida (Kazdagi) ist übrigens berühmt für seine Heilkräuter und es kommen im Frühling und Sommer Scharen von Großstädtern, um diese selbst zu pflücken.

Wochenmärkte gibt es z.B. montags in Burhaniye, mittwochs in Edremit am Golf, donnerstags in Ayvalik und Bodrum, freitags in Marmaris, Havran bei Kücükkuyu und Ayvacik, samstags in Çesme und Altinoluk.

LEDER & SCHMUCK

Die touristischen Topseller überhaupt bekommen Sie überall: Sowohl in den Läden der Ortszentren als auch mitten auf der Strecke, an den Landstraßen oder in den Marinas von Bodrum, Marmaris oder Çeşme. Das Feilschen ist auch hier ein Muss. In der Regel können Sie bei Ledersachen den Preis fast um ein Viertel senken. Gutes Leder ist weich und sieht sehr sauber aus. Die Hersteller schneidern mittlerweile sogar Sommerkleider daraus!

Bei Schmuck ist die Marge nicht so groß, denn der Goldpreis wechselt täglich. Er wird am Schaufenster der Juweliere angeschlagen. Der Schmuck wird stets gewogen. Gold gibt es 22karätig *(22 ayar: sattgelb, fast rötlich)*, 18-, 16- und 14-karätig *(immer heller)* und in Verbindung mit Silber *(gümüs)* oder Platin *(platin)*.

TON, STEINE & SCHWÄMME

Ob Pfeifen aus Meerschaum, Kettenanhänger aus Jade und Onyx oder wertvolle Naturschwämme aus den Tiefen der Ägäis: Die Liebhaber natürlicher Materialien kommen hier auf ihre Kosten. In den Basarvierteln von Bodrum oder Marmaris finden Sie jetz auch Wellnessläden mit wertvollen Naturseifen und –kosmetik sowie den Duftölen der Region. Überall an der Ägäisküste wird schöne Keramik angeboten, auch in handlichen Größen zum Mitnehmen.

Bild: Athena-Tempel in Assos

> SONNE, WIND UND ROMANTIK

Assos, Troja, Pergamon: Die Nördliche Ägäis bietet antike Stätten und viel Natur

> Die Küste unterhalb der Meerenge der Dardanellen ist ein ideales Ziel für Reisende, die Bildung mit Bewegung verbinden wollen.

Hier liegen die einzigen türkischen Ägäisinseln Bozcaada und Gökçeada – schön zum Baden und Wandern. In Çanakkale, der Stadt an den Dardanellen, fand die verlustreichste Schlacht des Ersten Weltkriegs statt: Im großen Nationalpark von Gallipoli (Gelibolu) mahnen unzählige Soldatengräber an den Wert des Friedens. Für Taucher und Surfer ist der Golf von Saros hinter der Gallipoli-Halbinsel ein wahres Paradies. Etwas südlich liegt eine antike Kriegsstätte: Troja lädt zu einer unvergesslichen Kulturreise ein. Eine weniger bekannte Gegend ist der Kazdağı (Gänseberg), der antike Berg Ida, nahe der Kleinstadt Edremit an der Olivenriviera. Hier können Sie Wanderungen machen, Kräu-

NÖRDLICHE ÄGÄIS

ter sammeln oder im Winter rodeln und Ski fahren. In dem kleinen Fischerhafen Assos, wo Aristoteles seine Logikschule hatte, kann man herrliche Sommerabende, aber auch romantische Winternächte am Kamin verbringen. Nicht zu vergessen ist Ayvalık mit dem besten Olivenöl des Landes. Strände gibt es überall, wenn auch nicht so ausgedehnte wie im Süden. Die ideale Reisezeit ist der Herbst (Mitte August bis Mitte November), weil es dann nicht mehr so heiß und relativ windstill ist. Von İstanbul und İzmir verkehren Busse zu den hier beschriebenen Orten.

ASSOS

[120 C5] Im 7. Jh. v. Chr. vom Volk der Metymnae aus Lesbos gegründet, ist Assos die einzige Stadt der griechischen Antike, die „privatisiert" wurde: Sie wurde an einen Bankier namens Euboulos verkauft.

ASSOS

Dessen Hausklave Hermias erbte nach seiner Freilassung die Siedlung. Der Legende nach verliebte sich Aristoteles in Hermias' Schwester. Unter der Bedingung, dass er in As-

■ SEHENSWERTES
ATHENA-TEMPEL ⭐ ❄
Die schönsten Überbleibsel des im 6. Jh. v. Chr. gebauten Tempels auf 238 m Höhe sind auf die Museen in

Die alten Lagerhallen im Hafen von Assos beherbergen das Hotel Nazlıhan

sos eine Schule der Logik eröffnete, durfte Aristoteles die Schöne heiraten. Der berühmte Philosoph blieb und wirkte hier drei Jahre lang (348–345 v. Chr.).

Heute ist Assos (offiziell Behramkale, ca. 1200 Ew.) ein malerischer Hafenort mit direkt am Ufer gelegenen Hotels, auf deren Terrassen es sich hervorragend sonnen und dinieren lässt. Die Hotels sind fast alle mit Heizung oder einem Kamin ausgestattet. In der benachbarten Bucht Kadırga findet sich außerdem ein ausgedehnter Strand mit Übernachtungsmöglichkeiten.

Boston und İstanbul verteilt. Archäologen arbeiten allerdings seit Jahren fleißig daran, die noch erhaltenen Säulen im Umfeld des Heiligtums wieder aufzurichten. Wunderschön ist die Silhouette der Tempelanlage bei Sonnenuntergang.

STADTMAUERN UND RUINEN
Die 3 km lange Stadtmauer hatte früher zwei Haupttore (eines im Osten und eines im Westen) und acht Türme. Zu besichtigen sind heute noch Nekropolen (antike Friedhöfe), ein Gymnasium, eine Agora, ein – in byzantinischer Zeit in eine Kirche

> www.marcopolo.de/tuerkei-westkueste

NÖRDLICHE ÄGÄIS

umgewandelter – Tempel, Zisternen und ein Amphitheater in Hufeisenform. *Einfahrt mit Pkw kostenpflichtig (ca. 3 Euro)*

ESSEN & TRINKEN

BEHRAM ▶▶
Exzellente türkische Küche. Wenn Sie Glück haben, legen Boote mit frischem Fisch an. *İskele | Tel. 0286/721 70 16 | €€€*

YILDIZ SARAY
Das Terrassenrestaurant über dem Meer gilt seit 1966 als das beste Fischlokal am Ort. *İskele | Tel. 0286/721 70 25 | €€*

EINKAUFEN

Assos ist nicht nur ein Paradies, um **Kräuter** zu kaufen! Die Bewohner verkaufen außerdem handgestrickte Wollsocken und Seifen aus Olivenöl. Wer die gewebten Kelim-Teppiche liebt, wird hier beim Stöbern ebenfalls fündig.

Insider Tipp

ÜBERNACHTEN

ASSOS KERVANSARAY HOTEL
Das schönste Hotel am Ort, mit herrlichem Blick vom Pool aufs Meer. Eigener Strand, Kinderpool, Tischtennis, Billard, Sauna. *43 Zi. | 4 Suiten | Behramkale Köyü İskelesi | İskele | Tel. 0286/721 70 93 | Fax 721 72 00 | www.assoskervansaray.com | €€*

ASSOS NAZLIHAN
Schickes Hotel in den über 100 Jahre alten, restaurierten Lagerhallen direkt am Hafen. Ohne Pool, aber mit Badeterrasse. *37 Zi., davon 10 mit Meerblick | Liman | Tel. 0286/721 73 85 (Assos) | Tel. 0212/291 23 39 | Fax 291 23 42 (İstanbuler Reservierungsbüro) | www.assosnazlihan.com | €€*

Insider Tipp

BEHRAM OTEL
Ein kleines Hotel am Meer mit freundlichem Service. Hier können Sie Touren nach Pergamon und Troja

MARCO POLO HIGHLIGHTS

★ Athena-Tempel
Alte Säulen und ein traumhafter Blick auf die Ägäis in Assos (Seite 32)

★ Kazdağı/Berg Ida
Antike Legenden, bemerkenswerte Flora und Fauna und spannende Trekking- und Safari-Touren (Seite 34)

★ Cunda (Alibey Adası)
Gelungene Symbiose von griechischen Kaffeehäusern und türkischen Restaurants (Seite 38)

★ Bergama/Pergamon
Imposante Ausgrabungsstätte aus hellenistischer Zeit (Seite 39)

★ Bozcaada
Wein und Windräder auf der schönsten türkischen Ägäisinsel (Seite 44)

★ Troja
Auch wenn das Pferd ein Nachbau ist: Der Schauplatz der Ilias bleibt ein mythischer Ort (Seite 52)

32 | 33

ASSOS

buchen und an Wanderungen ins Hinterland teilnehmen. *17 Zi. | Behramkale Sahili | Tel. 0286/721 70 16 | Fax 721 70 44 | www.behram-hotel.com | €€*

İMBAT MOTEL
Der *İmbat (Meltemi)* weht nachmittags vom Meer aus und erfrischt das kleine Hotel in der eigenen Badebucht direkt am Meer. Kieselstrand, supersauberes Wasser, köstliches Essen, rund herum nur Olivenbäume: ein wunderbarer Platz zum Entspannen. *32 Zi. | Nov.-Mai geschl. | Bademli Köyü | Ayvacık | Tel. 0286/737 01 01 | Fax 737 01 02 | www.imbatmotel.com | €*

AM ABEND
Das Nachtleben findet in den Bars und Kneipen am Hafen statt. In den alten, renovierten Lagerhallen sind die *Bar des Nazlıhan-Hotels* und die Kneipe *Fenerli Han* ▶▶ untergebracht. Die Bar *Uzunev* und die benachbarte Eisdiele *Assos Dondurmacısı*, berühmt wegen ihrer Waffeln, sind beliebte Treffs am späten Abend.

AUSKUNFT
Ayvacık | Stadtverwaltung | Tel. 0286/638 50 56 | http://assos.de

ZIELE IN DER UMGEBUNG
BABAKALE [120 B5]
Der dem Wind ausgesetzte Ort „Vaterburg", westlichster Punkt Anatoliens, ist ein verschlafenes Fischerdorf mit riesigen Olivenbäumen und Platanen sowie einer relativ gut erhaltenen, 1723 von den Osmanen errichteten Burg. Von Assos (Behramkale) oder Çanakkale fahren regelmäßig Busse. In dem ehemaligen Piratennest gibt es die besten Messerschmiede des Landes und phantastische Sonnenuntergänge. *Inside Tip* Baden lässt es sich sehr schön in der *Akliman-Bucht*, die gut zu Fuß zu erreichen ist. Übernachten können Sie im *Uran (7 Zi. | Tel. 0286/747 02 18 | €)* oder im *Altınkum Motel (10 Zi. | Tel. 0286/747 05 04 | Fax 747 00 08 | www.altinkummotel.com | €€)* in der Akliman-Bucht. *18 km westlich von Assos*

KAZDAĞI/BERG IDA ★ [120-121 C-E4]
Von Assos führt die Straße ostwärts durch Olivenhaine, die von steilen

Geheimtipp mit Flair: Ayvalik

NÖRDLICHE ÄGÄIS

Felshängen mit versteckten Buchten unterbrochen werden. Den immer beliebter werdenden Ort *Küçükkuyu* [116 C4] können Sie zum Ausgangspunkt von Exkursionen ins Hinterland machen: Hinter der Tankstelle Petrol Ofisi in Richtung İzmir gibt es eine Brücke, an der Sie links abbiegen und auf einer Schotterstraße 3 km weiterfahren. Hier liegen die Ruinen des *Zeus-Altars,* der von den Anwohnern als Wallfahrtsstätte genutzt wird.

Etwas weiter oben (ausgeschildert) liegt das Dorf *Adatepe.* Hervorragende Hausmannskost gibt es in der *Villa Antalyalı (Tel. 0286/752 66 17, €),* Unterkunft in den *Kazdağı Yeşilyurt Evleri (3 Häuser für je 6 Personen | Tel. 0212/202 63 74 | mobil 0542/596 30 03 | kein Fax | www.tasevler.com | €€€).* Wer Trekking- und 4x4-Safaritouren unternehmen möchte, geht zum abgelegenen *Iliada-Hotel (28 Zi., 6 Suiten, 1 Appartement | Yaykın Mevkii | Tel. 0286/484 77 78 | Fax 484 78 58 | www.iliadahotel.com | €€€)* in *Kalkım,* mit Swimmingpool im Wald.

Insider Tipp

AYVALIK

[120 C5] **Ayvalık begegnet Reisenden als eine sonnige, freundliche Kleinstadt (30 000 Ew.) am tiefblauen Meer. Mit ihren engen Gassen und alten Steinhäusern lädt sie zu Entdeckungen ein.** Die zerfranste, etwas kahle Küste ist nicht zubetoniert, die Unterkünfte sind eher bescheiden. Am Kai warten die *tirandil,* große Holzboote, die Touren in die nahe gelegenen Badebuchten und zu den vorgelagerten Inseln machen. Die Strände sind zwar meistens klein, aber das Wasser ist absolut sauber.

Mit Ayvalık assoziiert man Olivenöl und frischen Fisch – zwei Produkte, die die Stadt durch ihre Geschichte begleitet haben. Ayvalık war bis in die 1920er-Jahre eine vorwiegend von anatolischen Griechen bewohnte Stadt, berühmt für ihren materiellen und kulturellen Reichtum. Nach dem tragischen Bevölkerungsaustausch zwischen der Türkei und Griechenland 1924 wurden hier muslimische Bauern aus Mazedonien, Lesbos und Kreta angesiedelt. Erst in den 1980er-Jahren kam unter den türkischen Intellektuellen ein Bewusstsein für das multikulturelle Erbe Anatoliens auf. Ayvalık ist bis heute ein Geheimtipp geblieben; erst seitdem der Bootsverkehr mit Lesbos zugenommen hat, gibt es eine sichtbare touristische Entwicklung.

■ SEHENSWERTES
ALTSTADT

Die Basarstraßen gegenüber dem lärmenden Hafen führen zu der hübschen, ruhigen Altstadt. Alte griechische Kirchen wurden häufig in Moscheen umgewandelt: die *Agios-Yannis-Kirche* im İsmetpaşa Mahallesi zur *Saatli Camii* (Uhrenmoschee), die *Agios-Yorgios-Kirche* zur *Çınarlı Camii* (Platanenmoschee). Die *Biberli Camii* war früher die *Agios-Nicholaus-Kirche.*

Im Innenhof der Gazi-Grundschule, unweit des Hafens, steht die *Kato Panaya,* ein griechisches Waisenhaus, das in die Moschee *Hayrettin Camii* umgewandelt wurde. Die *Phanaromani-Kirche* auf dem Weg zum Fußballstadion wird heute als

AYVALIK

Olivenmanufaktur genutzt. Die kurioseste Kapelle befindet sich in der 28. Straße des Sakarla Mahallesi Nr. 8: Sie steht im Garten eines Privathauses, wo Sie zwecks Besichtigung anklopfen können.

TAXIARCHIS-KIRCHE

Insider Tipp: Diese 1873 erbaute Kirche beherbergt eine einmalige Sammlung von auf Fischhaut gemalten Ikonen, die vom Leben Jesu erzählen. Da einige dieser 130 Jahre alten Kunstwerke in den vergangenen Jahren geraubt wurden, bleibt die Kirche für Besucher zumeist geschlossen.

ESSEN & TRINKEN

CANLI BALIK ▶▶

Das Restaurant liegt direkt am Ayvalık-Hafen, am Ende des Kais. Außer Fisch gibt es gegrilltes Lammfleisch. *Meyhaneler Cad. 3* | *Tel. 0266/312 14 17* | €€

FESLEĞEN

Insider Tipp: Das von zwei İstanbuler Schwestern betriebene Caférestaurant glänzt mit marinierten Steaks und herrlichem Käsekuchen. *Çamlık Mevkii* | *Tel. 0266/312 89 85* | €€

EINKAUFEN

Das Beste, was Ayvalık außer dem bunten *Donnerstagsmarkt* zu bieten hat, sind Olivenöl und Ölseifen z. B. der Marke *Komili (www.komilizeyti nyagi.com.tr)*. Es werden fünf Sorten Öl angeboten: *Sızma* ist einfach kalt gepresstes Öl, etwas leichter und mit höherem Säuregehalt heißt es *Riviera*. Das *Halis Ege* (Pure Ägäis) schmeckt intensiv nach den schwarzen Oliven der Aydın-Region. *Taş Baskı* (Steinpresse) wird im traditionellen Steinpressverfahren gewonnen und ist etwas herb. Schließlich gibt es das *İlk Hasat* (Erste Ernte), das aus den Oliven direkt vom Baum kalt gepresst wird und den niedrigsten Säuregehalt (0,5 Prozent) aufweist. *Insider Tipp*

ÜBERNACHTEN

AYVALIK BEACH HOTEL 🌐

Eine größere Anlage mit Privatstrand, die dem Kiefernwäldchen und der abfallenden Küste angepasst ist. *66 Zi., 2 Suiten* | *Altınkum Mevkii* |

> DIE SCHÖNSTE IM LAND
Paris, Helena und der Trojanische Krieg

Eines Tages stritten sich die Göttinnen Hera, Athena und Aphrodite darüber, wer die Schönste von ihnen sei. Zeus beauftragte den trojanischen Königssohn Paris, der am Berg Ida die Schafe hütete, mit der Beilegung des Streits. Lange musste Paris überlegen, welche der Göttinnen er zur Schönheitskönigin küren, welcher er den Apfel in seiner Hand überreichen sollte. Um ihn zu beeinflussen, versprach Hera ihm die Königreiche Asien und Europa, Athena stellte ihm Mut und Intelligenz in Aussicht. Aphrodite aber hatte etwas anderes zu geben: die Liebe der schönsten Frau der Welt, die Liebe der Helena. Paris entschied sich für die Liebe – und wenn man Homer glauben darf, führte diese Entscheidung zu dem schrecklichen Krieg um Troja.

NÖRDLICHE ÄGÄIS

Şeytan Sofrası Yolu | Tel. 0266/324 53 00 | Fax 324 53 04 | www.ayvalik beach.com | €€

CHEZ BELIZ 🔊
Eine nette Pension mitten in der Altstadt von Ayvalık, unweit von der Çı-

Wer sich einen Tag lang *Lesbos* anschauen möchte, kann dies mit einer schönen Seereise verbinden. *9 Uhr ab Ayvalık, 17 Uhr ab Lesbos | pro Person 50 $ | Fahrtdauer pro Strecke 2 Stunden | Jale Tur | Tel. 0266/312 24 70*

In Ayvalık wurde manche alte Kirche zur Moschee mit Minarett umgebaut

narlı-Moschee. *5 Zi. | Mareşal Çakmak Cad. 28 | Tel. 0266/312 48 97 | Fax 312 46 09 | €–€€*

FREIZEIT & SPORT
Die Ausflugsboote, die am Hafen anlegen, fahren für halbe oder auch ganze Tage zu den Inseln und Badebuchten *(Paterica Tur | Tel. 0266/312 43 09 | Veysel Kaptan | Tel. 0266/331 47 60)* der Umgebung. Auch Cunda und Patrice werden von den Booten angefahren.

STRAND
Bei *Sarımsaklı* im Süden erstreckt sich der schönste ▶▶ Strand der Nordägäis kilometerlang bis nach Dikili noch fest in türkischer Hand. Es gibt hier Imbisse, Restaurants und ein Internetcafé. *9 km südwestlich von Ayvalık, Minibus nach Sarımsaklı oder Altınova/Sahil*

AM ABEND
Die Bewohner von Ayvalık beschränken sich abends aufs Promenieren

AYVALIK

am Kai. In Sarımsaklı gibt es Kneipen und Diskotheken *(Checkpoint | Tel. 0266/324 12 57 | Flipper | Tel. 0266/324 10 32 | und Ruby | Tel. 0266/342 00 00)*. Eine ==Mondscheintour mit dem Boot== ist der krönende Abschluss eines schönen Sommerabends *(10–15 Euro | Özger Tur | Tel. 0532/235 48 31)*.

Insider Tipp

■ AUSKUNFT

Turizm Bürosu | Çamlık Cad. | gegenüber dem Yachthafen | Tel. 0266/312 21 22 | www.ayvalik.biz

■ ZIELE IN DER UMGEBUNG

CUNDA (ALIBEY ADASI) ★ [120 C5]

Die vorgelagerte, durch einen künstlichen Damm mit der Stadt verbundene Insel gilt als größte Attraktion Ayvalıks. Ehemals von Griechen bewohnt, lockt Cunda (sprich: Dschunda) mit vielen Buchten, einer Altstadt mit Kirchen und vor allem auf der Nordseite einer üppigen Vegetation, weshalb die Griechen sie „die Wohlriechende" (Moschinos) nennen.

Nach einem Spaziergang durch die charmante Altstadt sollten Sie sich noch vor Sonnenuntergang in einem der guten Fischrestaurants ▶▶ niederlassen. Sehenswert sind das Kaffeehaus ==*Taş Kahve*== am Kai mit seinen hohen Decken und großen Spiegeln sowie die 1873 errichtete *Metropolitenkirche Taxiarchis,* deren gigantische Glocke im Museum von Bergama (Pergamon) ausgestellt ist. Am Anfang der Bakkal Sokak sind die Ruinen der *Panaya-Kirche* zu besichtigen. Auf dem Hügel links vor dem Ortseingang befinden sich die Überbleibsel der *Agios-Yannis-Kapelle.* Das ==*Bay Nihat/Lale Restaurant*== *(Sahilyolu 21 | Tel. 0266/327 10 63 | www.cundaadasi.com/baynihat.html, €€)* ist seit 1978 eine Institution auf Cunda.

Insider Tipp

An der westlichen Seite der Insel liegt die kleine Bungalowanlage *Ortunç (22 Bungalows | Ortunç Koyu | Tel. 0266/327 11 20 | Fax 327 20 82 | €€)*. Die gleichnamige Bucht hat eine Blaue Flagge für sauberes Wasser.

Ein Hügel und 22 Inseln: phantastischer Ausblick vom Şeytan Sofrası

NÖRDLICHE ÄGÄIS

PATRICE [120 C5]

Wenn Sie vor dem Ortseingang von Cunda rechts in den Feldweg einbiegen und gegenüber der vorgelagerten Güvercin-Insel die Küste entlanglaufen, kommen Sie durch Olivenhaine zu dem schönen Dorf Patrice. Manche der Häuser sind ansehnlich restauriert. Am Wasser liegt das verfallene Kloster *Agios Dimitrios Ta Selina*. In der Gaststätte *Bıyıklı'nın Yeri* ▶▶ *(Beim Bärtigen | Tel. 0266/ 327 17 68 | €)* können Sie eine Rast einlegen. *Ca. 7 km südwestlich von Ayvalık*

ŞEYTAN SOFRASI [120 C5]

Den besten Überblick über Ayvalık und seine 22 Inseln haben Sie von diesem Hügel. Seine Spitze gleicht einer runden Tafel, ein mit einem Eisenkäfig umgebenes Loch soll Satans Fußabdruck sein. Im einzigen Caférestaurant sollte man lieber aufs teure Essen verzichten und sich mit Getränken begnügen. *Ca. 10 km südwestlich von Ayvalık*

BERGAMA/ PERGAMON

[121 E6] ★ **Die sympathische, lebhafte Kleinstadt Bergama (ca. 50 000 Ew.) liegt 30 km landeinwärts an dem Flüsschen Bakır Çay (Kaikos), genau 101 km von der Großstadt İzmir entfernt.** Im fruchtbaren Tal wird Landwirtschaft betrieben, der Montagsmarkt ist eine Augenweide und unbedingt besuchenswert. Zum Schwimmen und Baden fährt man nach Dikili.

Berühmt ist Bergama jedoch unter seinem antiken Namen Pergamon. Vor der hellenistischen Ära ab dem 3. Jh. v. Chr. war Pergamon von Hethitern, Frygern, Lydiern und Persern bevölkert. Auf dem 335 m hohen Hügel haben sich deshalb auch Spuren vergangener Zivilisationen Schicht auf Schicht angehäuft. Die meisten der heute zu besichtigenden Monumente und Ruinen stammen aus der Zeit der hellenistischen Dynastie unter Philetairos (280–263 v. Chr.) und Eumenes I. (263–241 v. Chr.) sowie der Könige (Basileia) Attalos I. (241–197 v. Chr.), Eumenes II. (197–159 v. Chr.), Attalos II. Philadelphos (159–138 v. Chr.) und Attalos III. Philomater (138–133 v. Chr.). Die Dynastie der Attaliden gebot in ihrer Blütezeit über weite Teile der Ägäisregion und war wohlhabend genug, um bedeutende kulturelle Leistungen hevorzubringen und phantastische Werke errichten zu lassen.

Pergamon lässt sich zur Besichtigung von Norden nach Süden, oder vom Hügel herunter zum Tal, in drei Bereiche einteilen: Auf der *Akropolis,* dem Burgberg, stand einst der

BERGAMA/PERGAMON

berühmte Zeus-Altar, der heute im Berliner Pergamon-Museum zu besichtigen ist. Paläste, Zisternen, die Bibliothek, das Arsenal, das Trajanaeum und der Athena-Tempel gehören zu diesem oberen Komplex.

Der Rundgang durch die antike Metropole beginnt am Ticketschalter *(tgl. 8.30–18 Uhr | Eintritt 8 Euro).* Nach der *Unteren Agora* (16) folgen das *Gymnasium* (17), das *Römische Bad* (18) und das *Heroon,* der Tempel der Hera (19). Über die *Heilige Straße* (20) kommen Sie zum *Tempel der Demeter* (21). Vor der Akropolis mit der *Oberen Agora* (22) befindet sich das steil angelegte *Theater* (25). Dann gelangt man zu dem Platz, wo einst der Zeus-Altar stand. Danach kommen die *Bibliothek* (27), der benachbarte *Athena-Tempel* (26), der teilweise restaurierte und immer noch imposant wirkende *Trajanstempel* (28), die *Kasernen* (30) und die *Gartenanlagen* (29). Unten in der Stadt können Sie die *Rote Halle* (14) und das *Museum* besichtigen.

■ SEHENSWERTES

ALTARPLATZ

Der Römer Lucius Ampelius (2. Jh. n. Chr.) erwähnt in seinem Merkbüchlein den Altar unter den Weltwundern: „In Pergamon gibt es einen großen marmornen Altar, 40 Fuß hoch, mit sehr großen Skulpturen…" Der Weg auf die Akropolis Pergamons führte einst am Altar vorbei, und zwar an seiner Ostseite mit dem Großen Fries, auf dem die olympischen Götter mit den irdischen Giganten kämpfen. Die Friese wurden Ende der 1860er-Jahre von dem deutschen Ingenieur Carl Humann entdeckt. 1878 begannen die Ausgrabungen. Humann verschiffte alles von Dikili aus nach Deutschland. Die Stadt Bergama kämpft seit den 1980er-Jahren um die Rückgabe des Altars bzw. die Herstellung eines Duplikats. *Pergamon-Karte: Nr. 23*

BERGAMA MÜZESI

Das mit Hilfe des Deutschen Archäologischen Instituts 1924 errichtete

Die Rote Halle liegt im Zentrum der heutigen Stadt Bergama

NÖRDLICHE ÄGÄIS

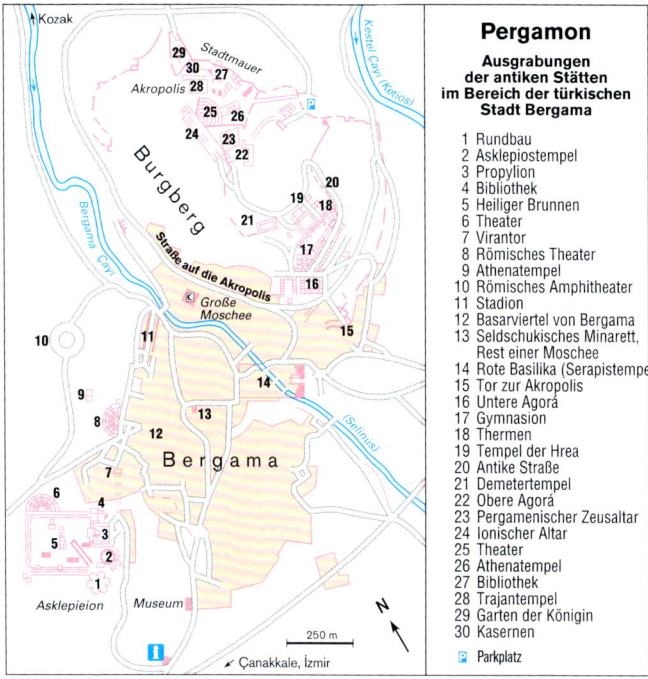

Stadtmuseum beherbergt u.a. die erst 2000 in Allianoi ausgegrabene Skulptur der Aphrodite. Die Münzsammlung umfasst über 3000 antike Exemplare. *Di–So 9–12 und 13–17.30 Uhr | Eintritt 3 Euro | Zafer Mah. | Cumhuriyet Cad. 6*

BIBLIOTHEK

Von Attalos I. erbaut, erlebte die Bibliothek ihre Blütezeit unter Eumenes II., als sie die stolze Zahl von 200 000 Büchern enthielt. Sie gilt als die zweitbedeutendste Bibliothek der Antike nach der von Alexandria. Die Bewohner von Pergamon erfanden u. a. das Pergament *(Pergaminae Carta)*, nachdem die Ägypter die Ausfuhr des Papyrus verboten hatten. Es war aus gegerbter Tierhaut, ließ sich nicht wie Papyrus rollen und musste deshalb gebunden werden. Wertvolle Bücher wurden in Pergamon mit Gold aufgewogen, erstmals stellte man hier Büsten von Dichtern auf. Die Löcher zum Befestigen der schweren Regale sind heute noch sichtbar. *Pergamon-Karte: Nr. 4*

ROTE HALLE (SERAPION)

Kızıl Avlu (Roter Hof), wie der Tempel auf Türkisch heißt, wurde im 2. Jh. n. Chr. von den Römern zu Ehren des ägyptischen Gottes Serapis

BERGAMA/PERGAMON

erbaut und später in eine Kirche umgewandelt. Unter der Ruine fließt das zweite Flüsschen der Region, Selinos. *Eintritt 4 Euro | im Zentrum von Bergama | Pergamon-Karte: Nr. 14*

Antike Baukunst: Trajanstempel

THEATER ✳
Das Bauwerk, in dem 10 000 Menschen Platz fanden, unterscheidet sich von anderen antiken Theatern durch seine außerordentlich steil übereinander angeordneten Sitzreihen. Einst umfasste es 4200 m², war 40 m hoch und hatte 83 Zuschauerreihen. Der Blick von ganz oben ist nur Schwindelfreien zu empfehlen! *Pergamon-Karte: Nr. 25*

TRAJANSTEMPEL ✳
Fünf Jahre vor dem Tod des römischen Kaisers Trajan (98–117 n. Chr.) begonnen, wurde der Tempel erst im Jahr 129 unter Kaiser Hadrian vervollständigt. Einige der Säulen wurden von deutschen Archäologen wieder aufgebaut. *Pergamon-Karte: Nr. 28*

ESSEN & TRINKEN

SAĞLAM RESTORAN/CAFÉ/BAR
Das Kebap-Haus in der Nähe des Museums hat in der ersten Etage eine „Orientecke". Livemusik. *Cumhuriyet Meydanı 47 | Tel. 0232/632 88 97 | €*

YENI MEYDAN RESTORAN
Gegenüber dem Çamlı-Park unweit des Museums. Im Sommer kann man draußen sitzen. *Cumhuriyet Cad. 99 | Tel. 0232/631 35 79 | €*

EINKAUFEN

Die Bergama-Teppiche gehören mit zwölf Knoten pro Quadratzentimeter zu den stabilsten und feinsten ihrer Art. Meistens werden sie in 3 oder 4 m² Größe angeboten. Zwei Muster herrschen bei dieser Teppichart vor: Der Kozak-Typ hat große geometrische Muster, während der türkische Typ mit Blättern und Ästen floral geprägt ist. Da die rote Wurzelfarbe den Wollfaden ein wenig verdünnt, fühlen sich die blauen Muster beim Anfassen dicker an als die roten. Verkauf bei: *İpekler Halıcılık | Bellik Mevkii | Bergama Çatısı | Tel. 0232/ 667 22 40 | Fax 667 22 48*

> www.marcopolo.de/tuerkei-westkueste

NÖRDLICHE ÄGÄIS

■ ÜBERNACHTEN

BERKSOY HOTEL
Das von außen wenig attraktive Hotel ist durchaus empfehlenswert. Es ist von Grün umgeben, hat helle Zimmer und liegt sehr zentral. Swimmingpool mit Kinderbassin. *57 Zi. | 3 Suiten | İzmir Caddesi | Tel. 0232/632 96 09 | Fax 633 53 46 | www.berksoyhotel.com | €€*

BÖBLINGEN PANSIYON
Schlichte, saubere Familienpension, benannt nach der Partnerstadt von Bergama. Im obersten Stock befindet sich eine Bar. *13 Zi. | Zafer Mahallesi | Asklepion Cad. 2 | Tel. 0232/633 21 53 | Fax 631 56 76 | €*

■ AUSKUNFT

Turizm Danışma | Bergama Hükümet Konağı, Block B, Erdgeschoss | Tel. 0232/631 28 51 | www.uni-tuebingen.de

■ ZIELE IN DER UMGEBUNG

AIGAI (NEMRUT KALESI) ✼ [123 D2]

Insider Tipp

Die wenig bekannte antike Stadt liegt völlig überwuchert auf einem wunderschönen grünen Hügel in 360 m Höhe. Die vom Plan her Pergamon sehr ähnliche Stadt wurde von Äoliern gegründet. Sehenswert sind die *Agora*, eine 80 m lange Markthalle, das *Gymnasium*, ein *Theater* sowie die Ruinen der Tempel für Demeter, Zeus und Athena. *35 km südöstlich von Bergama, Abzweigung Yeni Şakran auf der Straße Bergama–İzmir*

ALLIANOI [121 E6]
Bei Redaktionsschluss war die Überflutung der antiken Stätte 23 km östlich von Bergama im Dezember 2008 durch die Yortanlı- und Çaltıkoru-Staudämme beschlossene Sache. Im Oktober hatten Archäologen noch einen sensationellen Fund gemacht: Sie vermuteten, den Kriegshafen von Pergamon und damit den größten antiken Kriegshafen der türkischen Westküste entdeckt zu haben. Allianoi war ein berühmtes Therapiezentrum mit heißen Thermalbädern. Im Herzen des Ortes aus dem 2. Jh. v. Chr. kreuzen sich zwei breite Alleen mit den Überresten von Läden, Brunnen, Foren, eines Friedhofs und einer großen Therme. *Straße nach Ivrindi, beim Dorf Paşa Ilıcası*

ASKLEPIEION [121 E6]
Auf dem Stadttor *(Viran Kapı 7)* des nur 1 km westlich von Pergamon gelegenen antiken Therapiezentrums war einst die Inschrift zu lesen: „In diesem heiligen Ort, der allen Göttern geweiht ist, wird einzig dem Todesgott der Zutritt verwehrt." In dem im 1. Jh. n. Chr. errichteten und dem hellenischen Gesundheitsgott Asklepios gewidmeten Ort wurde jahrhundertelang Kranken mit Bade- und Trinkkuren, Schlammbädern, Massagen und Musiktherapien geholfen. Die antike Allee der Kurstadt endet bei einer ansehnlichen *Schlangensäule*. Auf die *Bibliothek*, den *Artemis-Tempel* und den *Nördlichen Korridor* folgen das 3500 Zuschauer fassende *Theater* und etwas weiter der *Asklepios-Tempel*. *Tgl. 8.30–18 Uhr | Eintritt ca. 5 Euro*

ÇANDARLI [122 C1]
Ca. 20 km südwestlich von Pergamon liegt die große Bucht von Çandarlı. Der kleine Ort (ca. 4000 Ew.)

BOZCAADA

hat seinen dörflichen Charakter bewahrt. Die von genuesischen Rittern im 13. Jh. errichtete und 1955 restaurierte Burg zählt zu den besterhaltenen des Landes. Im einfachen *Hotel Samyeli (20 Zi. | Sahil Plaj Caddesi | Tel. 0232/673 34 28 | Fax 673 34 61 | €)* hat man den Strand vor der Tür. Im Oktober finden Ölringkämpfe statt.

Insider Tipp

DIKILI [122 C1]
Schon in der Antike war Dikili (ca. 10000 Ew.) der Hafen Pergamons. Heute machen hier vor allem Mittelstandstürken Urlaub. Der Strand ist dem Ort gleich angeschlossen. Unterkunft finden Sie im *Hotel Sunset (120 Zi. | 14 Suiten | Ugur Mumcu 5 | Tel. 0232/671 88 56 | Fax 671 88 71 | www.dikilisunsethotel.com | €€)*, wo Sie zwischen Pool und Strand wählen können. Die Restaurants an der Promenade sind alle gleich gut. Für ein Bier geht man ins *Kardeşler Birahanesi (İsmetpaşa Mah. 13. Sokak | Tel. 0232/671 57 32)*

BOZCAADA
[120 A–B3] ★ „Gott hat diese Insel geschaffen, damit die Menschen länger leben", soll Herodot gesagt haben. Auf den ersten Blick kahl und braun, besitzt Bozcaada (früher Tenedos) einen typisch ägäischen Charme. Die nur 40 km² große Insel liegt ca. 20 km vor den Dardanellen und ist den Nordwinden stark ausgesetzt. Der höchste Hügel heißt *Göztepe* (192 m). Rund um Bozcaada gibt es zehn kleine Inselchen, von denen viele nur größere Felsen sind. Bozcaada selbst hat zwölf Landzungen und damit viele schöne, einsame Badebuchten. Was die Insel prägt, sind aber die Weinberge: Bozcaada liefert ein Drittel der türkischen Weinproduktion.

Bozcaada und ihr gleichnamiger Hauptort wurden in den 1990er-Jahren von türkischen Intellektuellen entdeckt, die alte griechische Steinhäuser restaurierten, Weinberge kauften und die Aufforstungsarbeit unter-

Die alte Ritterburg liegt nur einen Steinwurf vom Strand entfernt: Çandarlı

NÖRDLICHE ÄGÄIS

stützten. Im Winter leben hier 2500, im Sommer 15 000 Menschen. Bozcaada ist schon seit 2000 Jahren besiedelt. Die Insel gehörte einst der Ionischen Union an und wurde von den Persern zerstört. Venedig, Genua und Byzanz interessierten sich für die Insel. 1455/56 wurde sie gleich nach der Eroberung İstanbuls von Mehmet II. eingenommen.

Von *Odun İskelesi/Geyikli* aus dauert die Fahrt mit der *Autofähre (7.30, 12.00, 17.30 und 20.00 Uhr)* nur 30 Minuten. Die Inselstraßen sind asphaltiert, und es gibt eine Tankstelle sowie einen Geldautomaten, der allerdings nicht immer funktioniert.

■ SEHENSWERTES
ESKİ KALE/ALTE BURG

Die Burg im Ort ist auf drei Seiten von Wasser umgeben und hat an der Südfront einen ca. 10 m breiten Graben, der einst auch mit Wasser gefüllt war. Sie wurde von Phöniziern erbaut, von Genuesen und Venezianern erweitert, von den Osmanen übernommen und zuletzt 1996 restauriert. Sie beherbergt eine ethnografische Sammlung. *Di–So 9–12.30, 13.30–17.30 Uhr | Eintritt 4 Euro*

RÜZGAR SANTRALI/ WINDKRAFTWERK

1998 wurden in der Türkei die beiden ersten Windkraftwerke in Çeşme/Alaçatı in Betrieb genommen, im Juni 2000 drehten sich die Räder auch auf Bozcaada. Heute versorgt die Insel einen Teil von Çanakkale mit Elektrizität. Hier, vor allem vom verlassenen Leuchtturm namens Polente am Ufer, haben Sie einen wunderschönen Blick übers Meer. *An der Westküste der Insel, nur per Taxi, Fahrrad oder zu Fuß zu erreichen*

■ ESSEN & TRINKEN
ADA CAFÉ ▶▶

Am Hafen, gegenüber dem einzigen Zeitungskiosk der Insel, befindet sich dieses von einem Aussteigerpärchen aus Ankara betriebene Café-Bistro. Inseltypische Speisen und Getränke wie ==gelincik şerbeti (Klatschmohnsaft,== nur im Mai) und wunderbare, mit Inselkräutern gefüllte Teigwaren. *Liman | Tel. 0286/697 87 95 | www.bozcaada.info | €€* **Insider Tipp**

BORUZAN

Eine alteingesessene Familie betreibt Hotel und Restaurant am Hafen. Der Fisch und die Krustentiere sind stets frisch zubereitet. Tomatenmarmelade zum Nachtisch! *Yalı Cad. 4 | Liman | Tel. 0286/697 84 14 | €€–€€€*

PAŞA RESTAURANT

Eine der besten Adressen für Fisch und Wein. Frische Kalamares, gefüllt und/oder gegrillt. *Liman | Tel. 0286/697 87 34 | €€€*

■ EINKAUFEN

Auf Bozcaada gibt es drei Winzer: *Hüseyin Pehlivan (Talay Şarapçılık, Cumhuriyet Mah. Lale Sok. 5 | Tel. 0286/697 80 80), Fatih Ataol (Ataol Bağçılık ve Şarapçılık | Çınarçeşme Sok. 3 | Tel. 0286/697 80 04)* und *Yunatçılar (Yunatçılar Şarap Pazarlama ve Ticaret | Cumhuriyet Mah. Emniyet Sok. 24 | Tel. 0286/697 80 55).* ==In den Weinkellern vor Ort wird gekostet.== **Insider Tipp** Hüseyin Pehlivan organisiert Besichtigungen für kleine

BOZCAADA

Gruppen. Im *Ada Café* oder am *Volkan-Kiosk* am Hafen können Sie fertige Geschenkpackungen erwerben. Gleich hinter dem Ada Café liegt der Souvenirladen *Gelincik*, der auch Naturkost anbietet.

■ ÜBERNACHTEN

EGE OTEL
Das alte Steinhaus im Zentrum diente einmal den Griechen als Schule. Inhaber Ümit Turan tut alles, damit seine Gäste sich wohl fühlen. *34 Zi. | Kale Arkası | Tel. 0286/697 81 89 | Fax 697 83 89 | www.egehotel.com | €*

HOTEL KAIKIAS
Insider Tipp

Das Boutiquehotel mit kleinem Kieselstrand hinter der Burg hat schön eingerichtete, klimatisierte Zimmer. Bibliothek und Künstlercafé. *18 Zi., 5 Juniorsuiten, 13 Appartements | Kale Arkası Kazanlar Mevkii | Tel. 0286/697 02 50 | Fax 697 88 50 | www.kaikias.com | €€€*

RENGIGÜL KONUKEVI
Özcan Germiyanoğlu, die 30 Jahre lang in Deutschland mit behinderten Kindern arbeitete, hat dieses märchenhafte Hotel mit exzellentem Frühstück eröffnet. *5 Zi. | 1 Suite | Atatürk Caddesi 31 | Tel. 0286/697 81 71 | Fax 697 88 20 | www.rengigul.com | €€€*

■ STRÄNDE

Die Badebuchten heißen *Liman, Değirmenler, Lagor, Ayana, Ayazma, Sulubahçe, Poyraz, Çanak, Çapraz* und *Kocatarla*. In den Läden am Hafen können Sie Inselkarten kaufen. Der schönste Strand ist *Ayazma* ▶▶ im Süden – hier gibt es Imbissbuden und Restaurants, Kabinen, Schirme und Liegen. Das Wasser ist flach. Nach Ayazma fahren Sammeltaxis.

Insider Tipp

■ AM ABEND

Das Nachtleben auf Bozcaada ist ruhig. In den Fischrestaurants sitzt man gern bis spät in die Nacht. Die wenigen Kneipen und Bars gruppieren sich um den Hafen. Beliebt und bei einem kurzen Rundgang nicht zu verfehlen sind *Café at Lisa's, Fuska Bar* und *Salhane* am westlichen Ende der

> LOW BUDGET

> An der Küste von Assos bietet das *Özlem Motel (Koyunevi Köyü | Sokakagzi | Tel. 0286/723 42 13 | Fax 723 46 02)* mittags gegrillten Fisch und Hähnchenflügel zu Dumpingpreisen.

> In Ayvalik ist der berühmte *Ayvalik Tostu* die preiswerte Alternative zum Frühstück, er schmeckt aber auch mittags als Snack: Käse, Salami und Schinken mit Tomaten, schön getoastet und riesengroß – in den Imbissen rund um den Hafen.

> Wer auf Bozcaada einfach aber günstig unterkommen will, sollte in der *Ergin Pension (Kalearkasi | Rum Mahallesi | Tel. 0286/697 00 38 | www.erginpansiyon.com)* absteigen.

> Wenn Sie einen Teppich kaufen wollen, ist der tägliche Markt von Bergama eine gute Adresse. Die Bergama-Teppiche mit geometrischen Mustern aus dem 16. Jh. zählen zu den feinsten des Landes und sind am billigsten hier vor Ort zu erwerben.

NÖRDLICHE ÄGÄIS

Stadt mit schönem Seeblick. Außerdem bieten sich die *Terrassenbar des Hotel Mauna* und das *Café des Hotel Kaikias* an.

ÇANAKKALE

[120 C2] **Die Stadt (465 000 Ew.) an der türkischen Ägäis liegt wie İstanbul auf zwei Kontinenten.** Çanakkale selbst hat keinen urbanen Charme, besitzt aber dennoch viele Sehenswürdigkeiten und ist ein perfekter Ausgangspunkt für Touren in die Umgebung, unter anderem nach Troja. Zum Baden, Tauchen und Angeln fährt man zum Golf von Saros.

Die Meerenge der Dardanellen, an der engsten Stelle 1,25 km und an der weitesten 8 km breit, war über die Jahrtausende ein immerwährend heiß umkämpfter Platz. Von den Persern über die Osmanen bis zu den Kreuzrittern bauten Eroberer hier ihre Burgen, um den Zugang zum Marmarameer und damit zum Schwarzen Meer zu kontrollieren. Die berühmteste Schlacht der neueren türkischen Geschichte fand hier im Ersten Weltkrieg statt: 1915 versuchten die Alliierten die Meerenge einzunehmen. An den heftigen Kämpfen waren über eine halbe Million Soldaten beteiligt. Nach elf Monaten ging die türkische Armee unter dem Kommando von Mustafa Kemal, später Atatürk, als Siegerin aus der Schlacht hervor. 300 000 türkische und über 200 000 Commonwealth-Soldaten waren getötet worden, darunter viele Australier und Neuseeländer. Die gefallenen Kämpfer wurden auf der Gallipoli-(Gelibolu-)Halbinsel begraben. Jährlich am 25. April wird zusammen mit den Nachfahren der gefallenen Commonwealth-Soldaten („Anzacs") der Kämpfe gedacht.

In der Meerenge bei Çanakkale herrscht reger Schiffsverkehr

ÇANAKKALE

SEHENSWERTES

BURGEN VON BIGALI UND NARA
In Çanakkale gibt es zahlreiche Kastelle. Zwei stehen sich gegenüber: am asiatischen Ufer die Nara-Burg, auf der europäischen Seite die Burg von Bigalı. Beide wurden von Selim III. 1807 in taktischer Erwägung erbaut, nachdem die britische Flotte die Dardanellen durchquert und İstanbul belagert hatte.

ÇIMENLIK-BURG
Die Festung „auf dem Rasen" an der engsten Stelle der Meerenge wurde 1452 von Mehmet II. kurz vor der Eroberung İstanbuls erbaut. Hier verfasste der berühmte osmanische Seefahrer und Kartograf Piri Reis zu Anfang des 15. Jhs. sein Navigationsbuch „Kitab-ı Bahriye" (Buch der Meere). Im Museumsteil sind seine Seekarten sowie Werke des großen Miniaturenmalers Matrakçı Nasuh ausgestellt. *Tgl. 9–17.30 Uhr | Eintritt ca. 4 Euro*

> Insider Tipp

MAUSOLEUM DES SULEIMAN PASCHA
Auf einem Hügel steht das Grab des osmanischen Feldherrn, der 1356 als Erster seinen Fuß auf den europäischen Kontinent setzte, den die Osmanen jahrhundertelang einfach Rumeli (Land der Byzantiner/Griechen) nennen sollten. Suleiman Pascha (1316–58) war ein Enkel des Staatsgründers Osman. *Im Stadtteil Bolayır*

SAAT KULESI/UHRENTURM
Den vierstöckigen, 20 m hohen Turm ließ 1896 der damalige osmanische Gouverneur Cemil Pascha aus hellrotem Granit erbauen. Auf der obersten Etage befindet sich eine Glocke mit einem kuppelförmigen Zinndach. *İskele Meydanı*

MUSEUM

ARKEOLOJI MÜZESI/ ARCHÄOLOGISCHES MUSEUM
Das Archäologische Museum ist vor allem den Funden aus Troja gewidmet. Außerdem: Keramiken aus Ça-

Exotisches Mitbringsel für zu Hause: kunstvoller Seidenteppich

NÖRDLICHE ÄGÄIS

nakkale, Steinarbeiten aus der hellenistischen und römischen Zeit sowie Funde aus den Tumuli Çan, Dardanos und Yenice. *Di–So 8.30–12.30 und 13.30–17.30 Uhr | Eintritt 1,50 Euro | İzmir Caddesi*

■ ESSEN & TRINKEN

ARTUR PIDE KEBAP SALONU
Zentral gelegenes Kebap-Haus Döner, Pide und Lahmacun. *Cumhuriyet Meydanı 28 | Tel. 0286/ 212 67 26 | €*

TRUVA 2001
Sehr zentral gelegene, saubere, preisgünstige Gaststätte. Türkische Gerichte, viel Vegetarisches. *Saat Kulesi Meydanı 9 | Tel. 0286/213 32 81 | €*

YALOVA LIMAN
Das Fischrestaurant am Hafen hat eine schöne Terrasse. Auch Fleisch- und Gemüsegerichte, gute Vorspeisen. *Gümrük Caddesi 7 | Tel. 0286/ 217 10 45 | €€*

■ EINKAUFEN

In Çanakkale kauft man Keramik und Teppiche. Die Nobelmarke *Çanakkale Seramik* hat das traditionelle Handwerk verfeinert und bietet in ihrer ==Fabrikverkaufsstelle== (*Çanakkale Seramik Fabrikası | Çan | Tel. 0286/ 416 17 17 | Fax 416 17 41*) z.B. Repliken aus dem Topkapı-Palast an. Eine gute Adresse für Teppiche und Kelims ist *Anafartalar Export (Inhaber Mehmet Yağız | Tel. 0286/217 50 26 | Fax 217 19 26 | myagiz@tur net.net.tr).*

Die Bucht von Saros ist ein idealer Angelplatz: Das Zubehör, auch für Taucher, verkauft Ali Bayraktar in seinem Laden *Mercan Ticaret (Kayserili Ahmetpaşa Cad. 15/B | Tel. 0286/212 09 11).*

■ ÜBERNACHTEN

AKOL HOTEL
Das Viersternehotel ist zwar ein größerer Betonkasten, liegt aber direkt am Meer und ist mit allerlei Komfort ausgestattet. *136 Zi., 2 Suiten | Kordon Boyu | Tel. 0286/217 94 56 | Fax 217 28 97 | www.hotelakol.com | €€*

AVRUPA PANSIYON
Kleine, saubere Pension in der Innenstadt. *12 Zi. | Matbaa Sok. 8 | Tel. 0286/217 40 84 | kein Fax | €*

BONCUK OTEL
Auf der Gelibolu-Halbinsel gelegen, ist das kleine Hotel ein guter Ausgangspunkt für Touren im Golf von Saros und zum Nationalpark. Pool und Strand. *48 Zi. | Gelibolu Yarımadası | Tel. 0286/576 82 92 | Fax 576 81 58 | €*

TUSAN HOTEL
Ca. 14 km vom Zentrum entfernt, direkt am Strand von Güzelyalı und schön im Grünen, liegt dieses nicht mehr ganz neue, aber angenehme Hotel. *64 Zi. | Güzelyalı Sahil | Tel. 0286/232 82 10 | Fax 232 82 20 | www.tusanhotel.com | €€*

■ FREIZEIT & SPORT

In den Dardanellen, in der Ägäis und im Golf von Saros gibt es sehr interessante Tauchgründe. Insgesamt ==216 Schiffswracks==, von denen die meisten zugänglich sind, und schöne Korallenriffe laden zu jeder Menge

ÇANAKKALE

Entdeckungen unter Wasser ein. Das Tauchcenter *Neptün Dalış Merkezi (Büyük Truva Oteli, Cevat Paşa Mah. | Mehmet Akif Ersoy Cad. 2 | Tel. 0286/217 10 24 | Fax 217 09 03 | www.truvaotel.com | CMAS, PADI)* bietet Exkursionen zu allen interessanten Plätzen der Umgebung an. Tauchfans können sich im Hotel 🛏 *The Retreat (8 Zi., 1 Cottage | İbrice Yat Limanı Yolu | Mecidiye, Keşan | Tel. 0284/783 43 10 | Fax 783 43 86 | €€)*, mit Bungalows und Zeltplatz, einquartieren.

STRÄNDE

In den Gewässern um Çanakkale selbst gibt es sehr viel Schiffsverkehr, sodass man auf das Baden lieber verzichten sollte.

Außer den Hotels, die oft einen eigenen Strandabschnitt besitzen, bieten die vielen Buchten des Golfs von Saros herrliche Bademöglichkeiten. Wie in der *Tuzla Koyu* findet man oft auch genug Sand, um sich hinzulegen. Das Wasser ist hier übrigens viel weniger salzig als in der Südlichen Ägäis.

AM ABEND

ANTIQUE
Ein schönes Café, das auch tagsüber geöffnet ist. *Cevatpaşa Mah. Nazım Demircioğlu Cad. 3 | Tel. 0286/213 22 37*

TNT CAFÉ-BAR
Sehr zentral am Uhrenturm, mit Livemusik und Garten. Auch warme Küche. *Saat Kulesi Meydanı 6 | Tel. 0286/217 04 70*

WHITE HOUSE
Die Diskothek spielt gängige Hits und türkische Popmusik. *Fetvane Sok. 23 | Tel. 0286/212 18 63*

AUSKUNFT

Turizm Danışma | Hükümet Konağı | Kat 1 | Tel. 0286/21 73 79 | İskele Meydanı 67 | Tel. 0286/217 11 87

ZIELE IN DER UMGEBUNG

BÜYÜK KEMİKLİ BURNU ✺ [120 B2]
Die „Landnase mit dem großen Knochen" besteht aus bizarren Felsen, die über Jahrhunderte von den Wellen ausgehöhlt worden sind. Sie liegt

Soldatengedenkstätte auf der Halbinsel Gelibolu (Gallipoli)

NÖRDLICHE ÄGÄIS

Blick in den Turm der Burg von Kilitbahir auf der Gelibolu-Halbinsel

am Golf von Saros, der mit seinen kleinen und größeren Buchten zu Spaziergängen einlädt. *20 km nordwestlich von Çanakkale*

GELIBOLU-NATIONALPARK [120 B–C2]
Die 33 ha große Anlage mit Gedenkstätten für die Gefallenen des Ersten Weltkriegs erreicht man von Eceabat aus mit dem Auto oder von Çanakkale aus mit dem Boot. Nach der Besichtigung der 1452 von Mehmet II. erbauten ✲ Burg von *Kilitbahir* (Siegel des Meeres) sind es rund 25 km nach *Seddülbahir* (Meereswall), wo die wichtigsten Gedenkstätten liegen. Hier, im südlichsten Zipfel der Halbinsel, steht das 42 m hohe *Şehitlik-Monument* von 1960. In einem kleinen *Museum* werden Originalfotos und Relikte der Schlacht von 1915 gezeigt. Ganz in der Nähe befindet sich das französische Denkmal. Im Dorf Seddülbahir kann man die Burgruine von 1659 besichtigen. Rund um den Zipfel der Halbinsel gibt es weitere Gedenkstätten und Friedhöfe, die durch ihre Anonymität berühren. Auf dem Hügel *Kabatepe* sollte das *Museum* besichtigt werden, wo die Schlacht in ihren Etappen nachgestellt wird. Die Tour über das ehemalige Schlachtfeld erfordert festes Schuhwerk und Proviant. Informationen im Internet: *www.anzacsite.gov.au*. Im Nationalpark gibt es auch einen *Campingplatz (Kabatepe Kampı | Eceabat | Tel. 0286/814 10 25 | €).*

GÖKÇEADA [120 A2]
Der Platz, an dem in der Türkei die Sonne am spätesten untergeht, ist mit 289 km² zugleich die größte Insel des Landes (früher Imros). An der insgesamt 95 km langen Küste gibt es zahlreiche Strände, beispielsweise *Aydıncık* im Südosten, wo man gut surfen und heilende Schlammbäder nehmen kann. Gökçeada (ca. 9000 Ew.) ist stolz auf die Blauen Fahnen, die seine Strände für ihre Sauberkeit bekommen haben. Im Nordwesten liegt der ▶▶ *Marmaros-Strand*, der sich gut für ein Picknick eignet. Vom Hafen aus verkehren

ÇANAKKALE

Sammelboote zu den Buchten. In Zentrumsnähe badet man am städtischen Strand von *Kaleköy*. Die „Sternenbucht" *(Yıldız Koyu)* gleich daneben ist einer der schönsten Badeplätze.

Die Insel blieb zwar von 1470 an fünf Jahrhunderte unter osmanischer Herrschaft, behielt jedoch eine gemischte türkisch-griechische Bevölkerung – noch heute leben die Menschen hier friedlich zusammen. Nach dem Ersten Weltkrieg übergab Griechenland die Insel der Türkei, um keine Reparationen zahlen zu müssen. **Ende Juli feiert die ganze Insel ihr Erntedankfest.** *(Insider Tipp)* Jeden August findet seit 1998 ein Filmfestival statt. Die Insel ist sehr grün und eignet sich zum Wandern und Radfahren. Es gibt zwei Bankautomaten, an denen Sie mit Ihrer EC-Karte Geld ziehen können. Im Hauptort *Merkez* und in den Dörfern *Yeni Bademli, Uğurlu* und *Kaleköy* gibt es kleine Hotels und saubere Pensionen, z. B. *Enes Pansiyon ve Apart (7 Zi. | 4 Appartements | Merkez | Tel. 0286/887 38 25 | €)*. Kneipen und Fischrestaurants finden Sie an der Promenade.

Gökçeada erreicht man mit der Fähre von zwei Häfen: Çanakkale (Fahrzeit ca. 2,5 Stunden) und Kabatepe auf der Gelibolu-Halbinsel (knapp 2 Stunden). Erkundigen Sie sich vor Ort nach den Abfahrtszeiten *(Gökçeada Tel. 0286/887 30 43 | Çanakkale Tel. 0286/217 18 15 | Kabatepe Tel. 0286/814 12 63)*. Das private Motorboot *Erdemler* verkehrt im Sommer zwischen dem Festland und der Insel *(Tel. 0286/887 41 59 | Überfahrt pro Person 80 Cent bzw. 1,50 Euro, pro Auto 5–10 Euro)*.

TROJA ★ [120 B3]

Kein Troja ohne Homer und ohne Heinrich Schliemann: Beide haben das Schicksal dieses Fleckchens Erde über dem Mäandertal (Menderes Deltası) bestimmt. Der Grieche Homer dichtete vor fast 3000 Jahren sein Epos „Ilias", das von der Entführung der schönen Helena, der Ge-

> NACHTGEDICHTE
Die „türkische Seele" im Spiegel der Literatur

Nichts gibt mehr Aufschluss über ein Land und die Mentalität seiner Bewohner als die Literatur. Die auch ins Deutsche übertragenen Werke der berühmtesten Schriftsteller des Landes, Yasar Kemal und Orhan Pamuk, beleuchten die türkische Welt aus unterschiedlichen Perspektiven. Während sich Kemal in Romanen wie „Memed mein Falke" und „Die Disteln brennen" auf das Landleben konzentriert, spielt der Nobelpreisträger Pamuk in seinen Bestsellern mit der osmanischen Vergangenheit, um etwas über die moderne Gegenwart zu erzählen („Die weiße Festung", „Rot ist mein Name"). Die schönsten Zeilen über die „türkische Seele" verfasste allerdings, nach wie vor unerreicht, der Poet Nazim Hikmet, dessen Gedichte mehrfach auch auf Deutsch erschienen sind („Eine Reise ohne Rückkehr", „Nachtgedichte an meine Liebste", „Epos vom Befreiungskrieg").

NÖRDLICHE ÄGÄIS

mahlin des spartanischen Königs Menelaos, durch den trojanischen Prinzen Paris und von der anschließenden Zerstörung Trojas durch den griechischen König Agamemnon erzählt. Anatolische Völker wie die Karer, Lykier und Amazonen sollen an der Seite der Trojaner gegen die Griechen gekämpft haben. Aber hat Homer wirklich gelebt, haben diese Kriege tatsächlich stattgefunden, gab es das Holzpferd zur Täuschung der Trojaner wirklich? Die Wissenschaft konnte es bis heute nicht beweisen. Fest steht, dass auf dem Hisarlık-Hügel, der die strategische Kontrolle über die Ein- bzw. Ausfahrt der Dardanellen erlaubt, mehrere Siedlungen existiert haben, die bei den unprofessionellen Grabungsarbeiten des Kaufmanns Schliemann in den 1870er-Jahren teils unwiederbringlich zerstört worden sind. Der Tübinger Archäologe Manfred Korfmann grub bis zu seinem Tod 2005 hier. Seine Funde wurden auf die Museen des Landes verteilt.

Der Rundgang durch das umzäunte, weiträumige Areal auf dem Hisarlık-Hügel 20 km südwestlich von Çanakkale folgt nicht den einzelnen der mittlerweile neun identifizierten Siedlungsebenen, die Troja über fünf Jahrtausende vorzuweisen hat, sondern beschränkt sich weitgehend auf Troja VI (1900–1300 v. Chr.). Der Weg ist ausgeschildert und führt über die Reste der Stadtmauern den Hügel hinauf. Von der ersten Siedlungsschicht ist nur eine Brandschicht erhalten. Neben der Rampe von Troja II (2500–2150 v. Chr.) übrigens will Schliemann seinen Schatz entdeckt haben, dessen Teile sich heute im Moskauer Puschkin-Museum befinden. *Tgl. 9–18 Uhr | Eintritt ca. 10 Euro. Informationen im Internet:* www.troia.de

Die berühmteste Kriegslist der Welt: Nachbildung des Holzpferdes in Troja

Nach Troja (türk. Truva) gelangt man von Çanakkale aus mit dem Bus, mit dem Taxi oder im Mietwagen *(Rumelililer Rent a Car | Barboros Mah. Atatürk Cad. Boğaz Sok. 3 | Tel. 0286/213 29 42 | mobil 0532/264 77 97).* Es gibt auch Exkursionen von Çanakkale aus (z.B. *Agentur Troy-Anzac, neben dem Uhrenturm | Tel. 0286/217 14 47).*

> METROPOLE MIT WELLNESS-OASEN

Die Metropole İzmir mit ihrem großen Umland lädt zum Bummeln, Baden und Entdecken ein

> **So ziemlich in der Mitte der türkischen Ägäisküste liegt die drittgrößte Stadt des Landes, eine Metropole mit fast kolonialem Charme.**

Das frühere Smyrna, 3000 v. Chr. von anatolischen Lelegen gegründet und im 11. Jh. v. Chr. von griechischen Volksstämmen der Peleponnes besetzt und hellenisiert, war stets der Hafen Westanatoliens. Die landwirtschaftlichen Produkte der fruchtbaren Gediz- und Menderes-Ebenen der Ägäis und der mittelanatolischen Hochebene werden von hier aus verschifft. Der Schiffsverkehr, die Fabriken und die Ölraffinerie in Aliağa am nördlichen Stadtrand verschmutzten früher den Golf und sorgten für üblen Geruch im Sommer. Daher flüchteten die İzmirer in die nahen Ferienorte wie Çeşme und Foça.

Heute riecht es hier nur nach Meer. Auf der Çeşme-Halbinsel liegen die schönsten Strände der Re-

Bild: Strand von Çeşme

İZMIR UND UMGEBUNG

gion. Überall finden sich kleine Häfen, schön zum Promenieren, und auf der Speisekarte ist der Fisch wieder einmal König. Um İzmir herum gibt es wenig bekannte, aber interessante antike Stätten und Orte mit gut erhaltenen türkisch-osmanischen Stadtkernen. In İzmir und Çeşme legen Kreuzfahrtschiffe an und ab. Von İzmir aus können Sie mit dem Überlandbus die Ferienziele im Süden problemlos erreichen.

ÇEŞME

[122 A4] Çeşme (in der Antike Cyssus) und sein Nachbarort Alaçatı öffneten sich in den letzten Jahren ausländischen Touristen und der türkischen Schickeria. Neue ▶▶ Beachclubs, Bars, Diskotheken und Nobelrestaurants machen die Gegend im Sommer immer beliebter. An der 29 km langen Küste liegen schöne Strände wie *Ilıca*, *Boyalık* und *Ayayorgi*. Die ganze

ÇEŞME

Umgebung ist reich an Thermalquellen, schöne Spa-Hotels versprechen Entspannung vom Alltag. Historisch hat Çeşme (65 000 Ew., im Sommer über 150 000) nichts Antikes zu bieten, aber dafür viel osmanisches Erbe

ESSEN & TRINKEN

BUHARA
Ausgezeichnete türkische Küche. Besonders empfehlenswert sind die Lammgerichte. *16 Eylül Mah. | 3053 Sokak 42 | Tel. 0232/712 20 23 |* €€

Ruhiger Winkel in Çeşme, dem Szenetreff auf der Halbinsel vor İzmir

wie die Burganlage und 15 Brunnen aus jener Zeit, die über die Stadt verstreut liegen – Çeşme bedeutet übrigens Brunnen.

SEHENSWERTES

KALE/BURG
Die Burganlage wurde im 14. Jh. von Genuesen angelegt und 1508 von den Osmanen erweitert. Sie beherbergt heute ein kleines archäologisches Museum. *Di–So 8.30–12 und 13.30–17.30 Uhr | Eintritt 2,50 Euro | Kale Sok. 1*

KÖRFEZ RESTAURANT
Eines der besten Restaurants an der Promenade. *Yalı Caddesi | Tel. 0232/717 67 18 |* €€

MEZZALUNA
Das italienische Restaurant zählt zu den besten seiner Sparte. *Ayayorgi-Bucht | Tel. 0232/712 07 47 |* €€€

ÜBERNACHTEN

GRAND HOTEL ONTUR
Am Dalyan-Flussdelta, 4 km vom Ortszentrum, liegt dieses große Hotel

> www.marcopolo.de/tuerkei-westkueste

İZMIR UND UMGEBUNG

mit wunderschönem Blick auf Çeşme. Tagestouren nach Ephesos, Priene, Milet und Pergamon. Hallenbad. *158 Zi., 28 Suiten | Dalyan Cumhuriyet Mah. | 4330/3 Sokak 63/A | Tel. 0232/724 00 11 | Fax 724 84 22 | www.onturcesme.com | €€€*

RIDVAN OTEL

Das saubere Stadthotel liegt zentral gegenüber dem Kastell in der Fußgängerzone. Shuttleservice zum eigenen Strand in der Ayayorgi-Bucht. *36 Zi. | Cumhuriyet Meydanı 11 | Tel. 0232/712 63 39 | Fax 12 76 27 | €€*

■ THERMALBAD

ÇEŞME ALTINYUNUS BIO THERMAL & THALASSO CENTER

1974 eröffnete am Zipfel der Çeşme-Halbinsel der „Goldene Delphin", der lange Zeit als Feriendorf konkurrenzlos blieb. Heute ist die große, renovierte Anlage ein Kurzentrum. Tennis, Tauchen, Surfen, Miniclub und Disko. *353 Zi., 5 Appartements, 8 Suiten, 44 Studios | Kalemburnu Mevkii | Boyalık | Tel. 0232/723 12 50 | Fax 723 22 52 | www.altinyunus.com.tr | €€*

■ FREIZEIT & SPORT

Die Halbinsel ist ein Paradies für Wassersportler. In Alaçatı gibt es zahlreiche Surfclubs, die auch Kurse anbieten. Amateurtaucher sind begeistert von den *Galeerenwracks*, die vor Çeşme auf dem Meeresgrund liegen *(Koçluoğlu Diving Center im Çeşme Altınyunus | Tel. 0232/723 12 50).* Die Schiffe gehörten der osmanischen Flotte an, die 1770 von den Russen vernichtet wurde.

Insider Tipp

Per Boot sind kleine Inseln zu erreichen, zu denen die *Eselsinsel (Eşek Adası)* gehört, wo tatsächlich nur die Langohren wohnen. Es gibt regelmäßigen Fährverkehr zwischen Çeşme und der nahe gelegenen griechischen Insel *Chios (ab 30 Euro | www.traveltoturkiye.com/ferry.htm)* und den italienischen Häfen Ancona und Brindisi *(Anker Travel Kuşadası | İnönü Bulvarı 14 | Tel. 0256/612 45 98 | Fax 614 40 35 | www.ankertravel.net).*

■ STRÄNDE

Zum Schwimmen und Surfen laden die Strände von *Altınkum, Şifne, Ilıca,* ▶▶ *Alaçatı, Dalyanköy* und

MARCO POLO HIGHLIGHTS

★ **Foça**
Das antike Phokaia ist ein klassischer Fischerort mit Tradition – und zu einem beliebten Ferienziel geworden (Seite 59)

★ **Kemeraltı**
Der alte Basar von İzmir, das Marktviertel „unter den Arkaden", lockt zum Stöbern und zum Rasten in einem Teehaus im Innenhof (Seite 62)

★ **Arkeoloji Müzesi/ Archäologisches Museum**
In İzmir finden Sie, was in Ephesos, Milas und Bergama fehlt (Seite 61)

★ **Deniz Restaurant**
In İzmir an der Promenade Kordon – ein Muss für alle Fischliebhaber (Seite 63)

★ **Sardes**
Ein Besuch bei König Krösus (Seite 64)

56 | 57

ÇEŞME

Çiftlikköy ein. Vom Busbahnhof Çeşme (Garaj) fahren Sammeltaxis zu den Buchten.

■ AM ABEND

LE BOUQUET BEACH CLUB
Bei der Dalyan-Badebucht gibt es eine Open-Air-Diskothek, mehrere Kneipen und Restaurants. *Dalyan Koyu Yanı | Tel. 0232/724 91 51*

NEPTÜN BAR ☼
Die Bar in der Marina ist die ruhige Alternative zu den lauten Beachdiskos. *Setur Marina | Tel. 0232/723 14 34*

SEA SIDE ▶▶
Die absolute In-Disko von Çeşme liegt am Strand von Alaçatı. Im Sommer finden nicht nur oft Konzerte türkischer und internationaler Stars statt, es wird auch bei gut besuchten Partynächten gefeiert. *Piyade Kumluğu | Liman | Alaçatı | Tel. 0232/716 98 99*

■ AUSKUNFT
Turizm Danışma | İskele Meydanı 8 | Tel./Fax 0232/712 66 53

■ ZIELE IN DER UMGEBUNG

ERYTHRAI/ILDIRI [122 B3] *Insider Tipp*
Bei Ausgrabungen im antiken Erythrai wurden ein *hellenistisches Landhaus,* ein *Athena-Tempel* aus dem 7. Jh. v. Chr. und ein *Theater* freigelegt. In der Bucht liegen genau 28 Inselchen, die guten Schwimmern als Etappenziele dienen. Übernachten kann man im Dorf *Ildırı,* z.B. in der Pension des Dorfvorstehers *(Muhtarin Pansiyonu | Tel. 0232/715 20 02 | €).* An der alten Landstraße İzmir–Çeşme nehmen Sie die Abzweigung Karaburun und fahren gegenüber dem Panoramacafé *Manzara* zum Dorf *Barbaros* ab. *Eintritt 2,50 Euro | ca. 20 km nordöstlich von Çeşme*

KARABURUN-HALBINSEL [122 A–B 2–3]
Der hoch über den Klippen liegende Ort ☼ *Karaburun* (2500 Ew.) und

Erste Adresse für alle, die gern Fisch essen: Restaurant Celep in Foça

İZMIR UND UMGEBUNG

seine Umgebung sind vom Massentourismus verschont geblieben. Hier liegen außer einigen schönen Badebuchten auch authentische Dörfer. An einem Kieselstrand liegt das abgeschiedene schöne Motel von Ata *(Atanin Yeri | 7 Zi. | Yeniliman Köyü | Karaburun | Tel. 0232/735 43 64 od. Handy 0535/313 03 71 | ata.soyak@gmail.com wireless | €)*. Ca. 70 km nordöstlich von Çeşme, Busse ab Çeşme und İzmir

FOÇA

[122 B2] ★ **Das kleine Fischerdorf Eski Foça (8500 Ew.) und das Neubauviertel Yeni Foça 22km nördlich haben sich zu einem beliebten Ferienort entwickelt.** Zum Baden geht man an die 20 km langen Mersinaki-Buchten. Foça, das antike Phokaia, hat seinen Namen von den Mönchsrobben (türk.: *fok*), die die Inselchen vor der Bucht bevölkern und der Grund dafür sind, dass das gesamte Gebiet unter Naturschutz steht. Homer zufolge soll Phokaia als nördlichste Stadt des Ionischen Bundes besonders dicke Stadtmauern gehabt haben, die sie bis zu ihrer Zerstörung 546 v. Chr. durch die Perser vor ihren Feinden schützten. Die Bewohner Foças waren tüchtige Seefahrer und gründeten viele Kolonien – die berühmteste ist Marseille. Schließlich wurde Foça 1455 von den Osmanen eingenommen, wovon die Fatih-Moschee und die Kayalar-Moschee aus dem 15. Jh. zeugen.

■ SEHENSWERTES
BEŞ KAPILAR/FÜNF TORE
Die Stadtmauern und Tore im Zentrum wurden im Mittelalter und später durch die Osmanen renoviert, was sie aber nicht vor Verfall schützte. Im so genannten *Kybele-Tempel* sind in fünf Nischen Reliefs und Figuren der Fruchtbarkeitsgöttin zu erkennen. *Eski Foça Liman*

DIŞ KALE/ÄUSSERE BURG
Genueser errichteten 1678 die Burg zwischen den Buchten *Küçükdeniz* (Kleines Meer) und *Büyükdeniz* (Großes Meer). Dahinter liegen die Ruinen eines türkischen Bades. *Burun Mevkii*

SIREN KAYALIKLARI/SIRENENFELSEN
Vor der nördlichen Bucht ragen die großen Felsspitzen empor. Als Odysseus hier vorbeikam, verstopfte er die Ohren seiner Männer mit Wachs, damit diese nicht vom tödlichen Gesang der Sirenen betört würden. Am besten vom Ausflugsboot aus zu besichtigen.

TAŞ EV/STEINHAUS
Das große, 6 m hohe Grabmal wurde im 5. oder 4. Jh. v. Chr. im Stil der lykischen Felsengräber südlich von Marmaris erbaut und hat zwei Kammern. *7 km südöstlich, ausgeschildert*

■ ESSEN & TRINKEN
CELEP
Um in dem gut besuchten Restaurant am Meer Fisch zu essen, fahren viele İzmirer extra hierher. *Küçükdeniz | Tel. 0232/812 14 95 | €€*

FOKAI

Das Fischrestaurant am Meer serviert lokale Spezialitäten wie Meeres-

İZMIR

früchte mit Knoblauchjoghurt. *Sahil Cad. Büyükdeniz Sok. 25 | Tel. 0232/ 812 21 86 | €€*

ÜBERNACHTEN

HANEDAN RESORT
Gleich neben dem Club Med, an einem sehr sauberen Strand. *70 Zi., 70 Appartements | Ismetpaşa Mah. | 4. Mersinaki Koyu | Eski Foça | Tel. 0232/812 36 50 | Fax 812 24 51 | www.hanedanresort.net | €€*

PHOKAIA HOTEL
Das Viersternehotel liegt direkt am Meer und hat einen großen Außen- sowie einen kleineren Kinderpool. Die Anlage ist schön und der Landschaft angepasst. *152 Zi., 4 Suiten | 2. Mersinaki Koyu | Eski Foça | Tel. 0232/812 80 80 | Fax 812 80 90 | www.phokaia.com | €€€*

>LOW BUDGET

- Wie in allen Beach Clubs der Küste, gibt es auch am Strand von Çeşme täglich von 16 bis 20 Uhr eine Happy Hour mit um 30 Prozent reduzierten Getränken.
- Die *Siren Pansiyon* in Alt-Foça ist eine nette, saubere und preiswerte Alternative *(14 Zi. | Ismetpasa Mah. | 161. Sokak 13 | Kücükdeniz | Tel. 0232/ 812 26 60 | Fax 812 62 20 | www.sirenpansiyon.com)*.
- Im Restaurant *Hamsiköy* in İzmir essen Sie sehr gut und preiswert. Von Anfang September bis Ende November gibt es Samstag und Sonntag frische Sardellen aus dem Schwarzen Meer *(Mithatpasa Caddesi 291 | Balcova-Izmir | Tel. 0232/259 58 57)*

AM ABEND
Abends sitzt man in Foça entweder lange in der Taverne, oder man geht in einem der zahlreichen Lokale tanzen, beispielsweise in der *Xkapı Disko-Bar (Aşıklar Yolu A-3 | Tel. 0232/812 64 74)*.

AUSKUNFT
Turizm Danışma | Şehir Merkezi | Tel. 0232/812 12 22 | www.phokaia.de

İZMIR

 KARTE IN DER HINTEREN UMSCHLAGKLAPPE

[122–123 C–D3] İzmir (3,5 Mio. Ew.) ist eine schöne Stadt mit Palmenalleen und einer Architektur, die sich an den südlichen Kolonialstil anlehnt. Die Promenaden von *Kordon (Atatürk Caddesi)* und ▶▶ *Karşıyaka* (das Ufer gegenüber) sind im Sommer voller Leben. İkinci Kordon *(Cumhuriyet Bulvarı)* und die *Altstadt* um die Straßen Nr. 1453 und 1482 – viele Straßen İzmirs tragen einfach Nummern – sind beliebte Flaniermeilen. Mitten in der Stadt befindet sich eine große Parkanlage *(Kültürpark)*, wo alljährlich im September die Internationale Messe *(Fuar)* stattfindet.

Nach der Eroberung durch die Osmanen 1426 blieb İzmir fast 500 Jahre unter muslimischer Herrschaft, beherbergte aber gleichzeitig große griechisch-orthodoxe und jüdische Gemeinden. Ende des 19. Jhs. lebten 250000 Menschen in İzmir, 10 Prozent waren Juden. Ein Großteil von ihnen wanderte nach der Gründung des Staates Israel aus. Trotzdem zeugen mehr als zehn Synagogen von einem regen jüdischen Gemeindele-

İZMIR UND UMGEBUNG

ben. Von der griechischen Kultur sind nur leere Kirchen übrig. Die Stadt bewarb sich für die Expo 2015, verlor gegen Mailand, bekam aber dadurch viele neue Projekte genehmigt, die noch im Bau sind und das Gesicht Izmirs verändern werden.

Werke aus Westanatolien. Neben kleineren Objekten aus Ton, Glas, Bronze und Gold gibt es eine Sammlung griechischer und römischer Statuen und Büsten. *Di–So 9–12 und 13–17 Uhr | Eintritt 5 Euro | Bahribaba Parkı | Konak | www.kultur.gov.tr*

Die Beth Israel Synagoge beweist, dass İzmir noch immer Heimat vieler Juden ist

SEHENSWERTES

AGORA
Vom alten Smyrna ist vor allem die Agora im Stadtteil Namazgah oberhalb des Basarviertels übrig geblieben. Von der zweistöckigen Ladengalerie stehen noch viele Kolonnen und Arkaden. *Namazgah Mevkii*

ARKEOLOJI MÜZESI/ ARCHÄOLOGISCHES MUSEUM ★
Das 1984 eröffnete Museum beherbergt eine gute Sammlung antiker

ASANSÖR/LIFT

An dem steilen Hang zwischen den Stadtteilen Mithat Paşa und Halilrifat Paşa wurde 1907 ein doppelter Fahrstuhl gebaut, damit das traditionelle jüdische Viertel auf dem Hügel besser zu erreichen war. Früher mussten die Menschen über 155 Stufen klettern. *Ticket ca. 2 Euro*

ATATÜRK MÜZESI/ATATÜRK-MUSEUM
Das große Haus an der Promenade Kordon wurde vom Republikgründer

İZMIR

als Wohn- und Arbeitsstätte genutzt. Es beherbergt neben persönlichen Gegenständen Atatürks wertvolle Teppiche. *Di–So 8.30–12.30 und 13.30–17.30 Uhr | Eintritt frei | Atatürk Cad. 24 | Alsancak*

ETNOGRAFYA MÜZESI/ ETHNOGRAFISCHES MUSEUM

Im neoklassischen Bau aus dem 19. Jh. ist seit 1984 ein Volkskundemuseum untergebracht, das vor allem Eindrücke aus dem Alltagsleben des 19. Jhs. vermittelt. Zu sehen sind u.a. die erste Apotheke der Stadt und Werkstätten traditioneller Handwerker. *Di–So winters 8.30–12.30 und 13.30–17.30 Uhr, sommers 8.30–17.30 Uhr | Eintritt 2 Euro | Halit Rifat Cad. 3 | Konak*

`Insider Tipp`

HISAR-MOSCHEE

Die prächtigste Moschee der Stadt wurde 1592 an dem Großen Tor der alten Burg bei Hisarönü erbaut, die 1872 verfiel. Heute schließt sich ihr der Basar von Kemeraltı an. *Hasanağa Mahallesi, Hisarönü Mevkii, 899. Sokak, Konak*

HÜKÜMET KONAĞI/GOUVERNEURSSITZ

Der 1872 fertig gestellte Bau spiegelt den mediterranen Stil İzmirs eindrucksvoll wider. *Konak Meydanı*

KADIFEKALE

Auf dem 160 m hohen Hügel Pagos, der heutigen „Samtburg", gab es u.a. Aquädukte, ein Gymnasium, ein Stadion, ein Theater für 16000 Personen und eine *Agora,* deren Ruinen heute zu besichtigen sind. *Busse vom Stadtzentrum*

KEMERALTI ★

Das Marktviertel „unter den Arkaden" aus dem 17. Jh. Eisenschmiede, Kohlenverkäufer, Sattelmacher, Gewürzhändler – alle haben ihre *arasta* genannten, eigenen Straßen. Sehenswert ist die 1745 vom Haremsleiter Hacı Beşir Ağa erbaute *Kızlarağası-*

Erfrischende Teepause im Innenhof der Kızlarağası-Karawanserei

İZMIR UND UMGEBUNG

Insider Tipp

Karawanserei. Das Teehaus im Innenhof ist ideal für eine Rast. *Hinter dem Konak Meydanı*

SAAT KULESI/UHRENTURM
Das maurisch anmutende Wahrzeichen İzmirs auf dem neu renovierten Konak-Platz ließ Großwesir Küçük Sait Paşa 1901 aufstellen. Die Uhr ist ein Geschenk Kaiser Wilhelms II. – eine seiner vielen an den „kranken Mann am Bosporus" gerichteten Gesten, um den deutschen Einfluss im Osmanischen Reich auszubauen. *Konak Meydanı*

ESSEN & TRINKEN

ALTINKAPI
In dem Gasthaus zum „Goldenen Tor" gibt es den besten Döner-Spieß İzmirs. *1444 Sokak 154/A | Alsancak | Tel. 0232/422 26 48 | €€*

ASANSÖR
Traditionsreiche Taverne im historischen Lift. Steinmauern, antikes Ambiente und moderne türkische Küche. *Şehit Nihat Bey Cad. 78/1 | Tel. 0232/255 54 20 | €€€*

DENIZ RESTAURANT ★
Das bekannteste Fischlokal İzmirs an der Promenade Kordon serviert vor allem Meeresfrüchte (im Sommer auch draußen). Das Restaurant ist besonders schön und landesweit berühmt für seine Küche. *Atatürk Cad. 188/B | Alsancak, Tel. 0232/422 06 01 | €€€*

EINKAUFEN

ÖZUSTA KUYUMCULUK
Juwelier mit Tradition. Neben Stücken aus 22- und 18-karätigem Gold finden Sie auch Silber. *Plevne Bulvarı 8/b | Alsancak | www.ozusta.com.tr*

SMS HALICILIK
Im Hinterland von İzmir gibt es viele Teppichknüpfereien und Webereien. Schöne Stücke hat dieses Geschäft in der Innenstadt. *1377 Sokak 3/C | Alsancak*

VAKKO
Das Beste an Textilien in der Türkei. Neben eigener Kollektion internationale Nobelmarken, feine Seidenschals und -krawatten sowie Heimtextilien. *Atatürk Bulvarı 226 | Alsancak | www.vakko.com.tr*

ÜBERNACHTEN

ANEMON
Modernes Viersternehotel neben dem Messegelände. *98 Zi. | 7 Suiten | Mürselpaşa Bulvarı 40 | Tel. 0232/446 36 56 | Fax 446 36 55 | www.anemonhotels.com | €€*

ANTIK HAN
Nostalgisches Ambiente, guter Service. Das Hotel hat auch ein gutes Restaurant. *30 Zi. | 5 Suiten | Anafartalar Cad. 600 | Çankaya | Tel. 0232/489 27 50 | Fax 283 59 25 | €€*

IZMIR HILTON
Der elegante Wolkenkratzer punktet mit herrlichem Blick über die Bucht und allem Komfort. Restaurants: *Colonnade* im 9. Stock, *Körfez* im 31. Stock. *381 Zi., 60 Suiten und Appartements | Gaziosmanpaşa Bulvarı 7 | Alsancak | Tel. 0232/441 60 60 | Fax 441 22 77 | www.izmirhilton.com | €€€*

İZMIR

Insider Tipp
SWISSÔTEL IZMIR/ THE GRAND HOTEL EFES

Nach seiner Restaurierung 2005 erstrahlt das Luxushotel in neuem Glanz. Mit schönem Pool und Garten. *406 Zi., 10 Suiten | Tel. 484 43 00 | Fax 483 16 67 | Şehit Nevres Bulvarı 2 | Alsancak | http://izmir.swissotel.com | €€€*

AM ABEND

Alsancak ist das Szeneviertel İzmirs, in *Karşıyaka* am Meer kann man ruhiger sitzen.

ÇIÇEK PASAJI

In der „Blumenpassage" wird Bier getrunken, gesungen und auch mal getanzt. *Kordon Boyu | Pasaport*

DISKO ROOF ▶▶

Die zentral im Stadtpark gelegene Diskothek ist sehr in. *Kültürpark | Tel. 0232/484 88 36*

Insider Tipp
WINDOWS ON THE BAY BAR

In der 31. Etage des Hilton-Hotels: Blick auf die Lichter der Stadt und Klavierklänge. *Hilton Oteli | Gaziosmanpaşa Bulvarı 7*

AUSKUNFT

Turizm Danışma, Büyük Efes Oteli Altı (unter dem Büyük Efes Hotel) | Alsancak | Tel. 0232/848 21 47 | www.izmirturizm.gov.tr

ZIELE IN DER UMGEBUNG

Insider Tipp
METROPOLIS/YENIKÖY [121 D5]

Bei Torbalı im Süden von İzmir liegen die Ruinen der großen antiken ionischen Stadt aus dem 8. Jh. v. Chr., die Archäologen für genauso wichtig wie Ephesos halten. *40 km südöstlich von İzmir, an der Autobahn İzmir–Selçuk bei Torbalı abfahren, von Torbalı aus auch Sammeltaxis*

NOTION UND KLAROS

Auf dem Weg nach Kuşadası liegt das antike Stadtduo: Notion [122 C5] auf der Meerseite, das alte Orakelzentrum Klaros [123 D5] beim Dorf *Ahmetbeyli*. Seit den Ausgrabungen 1921 wurden zwei Stadttore, Teile der alten Mauern und des Theaters freigelegt. Nach ein wenig Kletterei hat man einen schönen Blick bis nach Samos. *Eintritt 2 Euro | ca. 48 km südlich von İzmir | Busse nach Kuşadası kommen am Dorf Ahmetbeyli vorbei*

SARDES ★ [123 F3]

88 km östlich von İzmir liegt die Hauptstadt der Lydier (bis 546 v. Chr.). Ihren sagenhaften Reichtum verdankte sie u. a. dem Goldstaub im Fluss Poktolos (heute Sart). Die ersten Münzen wurden hier geprägt. Der letzte, sprichwörtlich reiche König Krösus wurde von den Persern geschlagen. 334 v. Chr. brachte Alexander der Große die Stadt unter römische Herrschaft. Der großartige *Gymnasium-Bad-Komplex*, die *Synagoge* aus dem 3. Jh. und das *Theater* sind wieder aufgebaut. Der *Artemis-Tempel*, einer der besterhaltenen aus der Antike, ist bei Beleuchtung von weitem zu sehen. *Eintritt 1,25 Euro | von İzmir Bus Richtung Usak*

TEOS/SIĞACIK [122 B4]

In Teos in der Sığacık-Bucht stand einst der größte *Dionysos-Tempel* der Antike – seine Reste wurden ausgegraben; durch Olivenhaine hindurch

> *www.marcopolo.de/tuerkei-westkueste*

İZMIR UND UMGEBUNG

ist die *Theaterruine* zu erreichen *(Eintritt antike Stätte 2 Euro)*. Das Fischerdorf Sığacık liegt näher am Meer, umgeben von den Mauern der genuesischen Burg, die von den Osmanen in Schuss gehalten wurde. Zum Baden und Surfen geht man über den Hügel zum Strand von *Akkum*. Hier liegt das *Club Resort Atlantis (303 Zi. | 120 Appartements | Tel. 0232/745 74 55 | Fax 745 77 39 | €€€)*. 50 km südwestlich von İzmir, Bus nach Seferihisar, dann per Taxi

URLA [122 B4]

Mit seinen Buchten, Steinhäusern, den Überresten der prähistorischen Siedlung *Klazomenai (Eintritt frei)* und dem *Freitagsmarkt* ist Urla ein lohnendes Urlaubsziel. Hier ist ein sanfter Tourismus mit kleinen Hotels und Fischlokalen enstanden. 5 km entfernt liegt der Kai *(Urla İskelesi)*, von wo aus man Bootstouren unternehmen kann. Zwischen dem Ufer

Das Gymnasium in Sardes, wo einst König Krösus herrschte

und der *Karantina-Insel* liegen im Meer die Überreste der antiken Straße aus dem 3. Jh. v. Chr. Die schönste Unterkunft ist das *ehemalige Wohnhaus von Giorgios Seferis (Yorgo Seferis Evı | 15 Zi. | Yalı Caddesi 47 | Tel. 0232/752 04 14 | Fax 752 35 14 | www.yorgoseferis.com | €€)*, dem nobelpreisgekrönten Dichter. Der ▶▶ *Club Gecce (Yalı Caddesi 235 | Tel. 0232/755 32 48)* lädt zum Tanz im Freien ein. 35 km westlich von İzmir, vom Busbahnhof İzmir (Otogar) fahren Busse der Firmen Ulusoy, Varan und Kamil Koç

Insider Tipp

> SONNIGE TAGE, LANGE NÄCHTE

An der südlichen Ägäisküste erwarten Sie Tourismuszentren wie Bodrum und Marmaris – und schöne Strände

> Blaue, tief ins Land reichende Buchten, schattige Wälder und feine Sandstrände sind die Markenzeichen der Südlichen Ägäis. Obwohl das Klima bereits deutlich wärmer ist als nördlich von İzmir, weht auch hier nachmittags der Imbat, der an der Küste die schlimmste Hitze verscheucht.

Mit Ephesos, Milet und Priene finden Sie hier die bedeutendsten Zeugnisse der antiken griechischen Kultur in Kleinasien. Kuşadası, Bodrum und Marmaris sind die weltbekannten touristischen Zentren.

Die „Blaue Reise", eine Bootstour auf einem *gulet* – so heißen die großen Holzsegler von Bodrum –, bei der man gemächlich von Bucht zu Bucht fährt, um dann den Rest des Tages im Wasser oder auf dem Sonnendeck zu verbringen, gehört zu den schönsten Möglichkeiten, diese Küste zu erkunden. Besonders der große Golf von Gökova südlich von

Bild: Ägäisküste bei Bodrum

SÜDLICHE ÄGÄIS

Bodrum eignet sich sehr gut dafür. Die Boote haben eine Crew, die die Gäste rund um die Uhr versorgt – eine „Blaue Reise" kostet ab 200 € pro Woche ohne Getränke.

Doch auch per Bus oder Auto können Sie auf der Datça-Halbinsel oder rund um den Köyceğiz-See noch Idylle finden, die man angesichts des Trubels in Marmaris kaum vermutet. Das Hinterland bietet viele Ausflugsmöglichkeiten in den Taurusbergen, wo man freundlichen Menschen begegnet und pittoreske Dörfer und sehr saubere Luft findet.

BODRUM

 KARTE IN DER HINTEREN UMSCHLAGKLAPPE

[124 A4–5] Die Bodrum-Halbinsel erstreckt sich am südwestlichen Zipfel der Ägäisküste weit ins Meer. Früher eine stille Oase, ist Bodrum (im Winter 50 000 Ew.,

BODRUM

im Sommer über 200 000), heute eine quirlige, dynamische Stadt, die nie schläft. Vorbei sind die Zeiten, als sie ein Geheimtipp für metropolenmüde Künstler und Intellektuelle war. Ab Ende Mai fließt der Touristenstrom, die Preise schnellen in die Höhe, die engen Gassen der Stadt werden schier

gegründet wurde. Damals hieß der Ort Halikarnassos. Er erlebte seine Glanzzeit im 4. Jh. v. Chr., als König Mausolos ihn zur Hauptstadt seines karischen Reiches machte. Das Mausoleum, einst eines der sieben Weltwunder, wurde bei einem Erdbeben zerstört.

Urlaubsfreuden: in den Hafenlokalen Bodrums die Abenddämmerung genießen

unpassierbar, und aus jeder Ecke tönt eine andere Musik. Auf der großen Bodrum-Halbinsel mit ihren vielen Buchten gibt es kaum unverbaute Plätze. Trotzdem hat Bodrum mit seiner abendlich angestrahlten Burg und seinen engen, quirligen Gassen einen ganz besonderen Charme.

Der griechische Historiker Herodot (484–425 v. Chr.) berichtet, dass die Stadt 1000 v. Chr. von den Dorern dort, wo heute die Burg steht,

Bodrum wurde im 13. Jh. von den Türken eingenommen und im 16. Jh. ins Osmanische Reich eingegliedert. Da die antiken Reste gänzlich unter der heutigen Siedlung liegen, hatten hier Archäologen kein Glück: Außer einem Theater auf dem Hügel an der Landstraße und Teilen der Stadtmauern am Myndos-Tor auf dem Weg nach Gümbet wurde nichts ausgegraben. Das schönste Baudenkmal vor Ort ist die Johanniterburg.

> *www.marcopolo.de/tuerkei-westkueste*

SÜDLICHE ÄGÄIS

SEHENSWERTES

BURG VON BODRUM ⭐
Die Johanniterritter aus Rhodos begannen mit dem Bau der St. Peter geweihten Burg 1402. Gut hundert Jahre später, 1523, besetzten die Osmanen sowohl Rhodos als auch das Bodrumer Kastell. Der höchste Punkt der schön restaurierten Anlage ist der 47,50 m hohe Französische Turm. Außer dem Englischen, Deutschen und Italienischen Turm gibt es noch den so genannten Schlangenturm. Eine kleine und eine große Tour sind ausgeschildert. *Di–So 9–19 Uhr | Eintritt 10 Euro*

MAUSOLEUM
Das Mausoleum, einst eines der sieben Weltwunder, wurde kurz nach König Mausolos' Tod 353 v. Chr. begonnen und Jahrzehnte später vervollständigt. Unten befand sich das Grabmal, darauf umrissen 36 Säulen einen ionischen Tempel, auf dem ein Denkmal in Gestalt eines Pferdegespanns mit Mausolos und seiner Schwester und Ehefrau Artemisia stand. Die Figuren und Reliefs des 42 m hohen Baudenkmals befinden sich heute zum Teil im British Museum. Zuerst gruben die Briten (1856–57) hier und brachten die Funde nach London. 1966 folgten der Däne Kristian Jeppesen und sein türkischer Kollege Ümit Serdaroğlu, sie gruben die Felsgrabkammer frei. Das Gelände ist als Open-Air-Museum hergerichtet. *Di–So 8–12 und 13–19 Uhr | Eintritt frei | Bei Turgut Reis Caddesi*

MUSEUM FÜR UNTERWASSERARCHÄOLOGIE
Das erste Museum zu diesem Thema in der Türkei und eines der besten weltweit. Es beherbergt in den historischen Gemäuern der Burg die Funde von zahlreichen Schiffswracks aus der Ägäis. Die Amphoren, eine reiche Glassammlung, ein gut erhaltenes Wrack und die Figur der karischen Königin Ada sind die Highlights. *Di–So 9–12 und 13–19 Uhr | Eintritt 10 Euro (inkl. Eintritt zur Burg) | www.kultur.gov.tr*

THEATER ⭐
Das antike Theater erhebt sich auf dem Hügel hinter Bodrum. Mit

MARCO POLO HIGHLIGHTS

⭐ **Burg von Bodrum**
Gut erhaltene Johanniterburg mit einem einzigartigen Museum (Seite 69)

⭐ **Blaue Reise**
Geruhsames Segeln entlang der Küste (Seite 72)

⭐ **Bodrum-Halbinsel**
Das Umland Bodrums lockt mit Mandarinenhainen und Badebuchten (Seite 73)

⭐ **Knidos**
Antikes Theater, vom Meer umspült, mit phantastischer Aussicht (Seite 77)

⭐ **Didyma/Didim**
Die größte antike Kultstätte der Ägäis (Seite 84)

⭐ **Ephesos/Selçuk**
Die besterhaltene Stadt der antiken Griechen und Römer (Seite 85)

BODRUM

Schöner essen: Genießen in Bodrum

25 Sitzreihen hat es Platz für über 10 000 Menschen. Im Sommer finden Konzerte statt. Von hier aus hat man einen herrlichen Blick über die Stadt. *An der Landstraße Bodrum– Turgutreis*

ESSEN & TRINKEN

ALP KAPTAN
Etwas abseits liegt dieses Familienlokal mit solider ägäischer Küche. Gerichte aus Kreta, liebevoll mit Wildkräutern zubereitet, aber auch Gegrilltes. Von der Terrasse blicken Sie auf Bodrum. *Dr. Mümtaz Ataman Cad. Rasattepe Sok. 9 | Tel. 0252/316 86 86 | www.alpkaptanrestaurant.com | €€*

ANTIK TIYATRO
Das „antike Theater" ist ein Gourmettempel mit feiner Mittelmeerküche, vor allem französischen Speisen. Entsprechend hoch sind die Preise. *Kıbrıs Şehitleri Cad. 243 | Tel. 0252/316 60 53 | €€€*

EPSILON ▶▶
Insider Tipp

Die holländische Wirtin Lon Briet und ihr Partner, der Chefkoch Arif, zaubern köstliche Gerichte aus der osmanischen Küche. Preiswerte Mittagstafeln, für den Abend muss man reservieren. *Türkkuyusu Mah. | Keleş Çıkmazı 5 | Tel. 0252/313 29 64 | €€*

KISMET
Eine solide Gaststätte mit Klimaanlage! Köchinnen aus Bodrum stellen örtliche Spezialitäten wie Teigrollen mit Spinat her. *Atatürk Bulvarı 156 | Konacık | Tel. 0252/319 18 23 | €*

KORTAN ▶▶
Sehr zentral gelegen, eines der ältesten Fischrestaurants in Bodrum. Man lässt sich hier am Meer mit den vielen kalten und warmen Gängen viel Zeit. *Cumhuriyet Cad. 32 | Tel. 0252/316 13 00 | €€€*

SÜNGER PIZZA
Eine kleine und sehr gute Pizzeria gegenüber der Marina. Von der Dachterrasse aus haben Sie einen schönen Blick. *Marina Karşısı | Tel. 0252/316 08 54 | €*

EINKAUFEN

BABBA
In diesem guten Schuhladen gibt es auch auch Ledersandalen. *Atatürk Cad. 15*

> www.marcopolo.de/tuerkei-westkueste

SÜDLICHE ÄGÄIS

GALLERY ANATOLIA
Hier gibt es die schönen Kelims aus Milas. *Dr. Alim Bey Caddesi*

MUDO
Gute türkische Konfektionsmarke für Männer und Frauen, vor allem für feine Baumwollhemden bekannt. *Karada Marina und Kale Cad. 47 | www.mudo.com.tr*

SERHAN
Guter Schmuck zu vertretbaren Preisen. *Atatürk Cad. Uslu Sok. 16*

ÜBERNACHTEN

BAÇ PANSIYON
Eine zentral gelegene, saubere und billige Pension, an die man keine großen Ansprüche stellen sollte. *10 Zi. | Cumhuriyet Cad. 14 | Tel. 0252/316 16 02 | Fax 316 79 17 | €*

GOLDEN KEY BODRUM
Die eleganteste Boutiquehotelkette der Türkei unterhält in Bodrum dieses erhaben über Stadt und Burg gelegene, sehr gute, kleine Hotel. *11 Zi. | Kumbahçe Mah. | Şalvaraga Sok. 18 | Tel. 0252/313 03 04 | Fax 313 41 71 | goldenkey@turk.net | €€€*

MANASTIR OTELI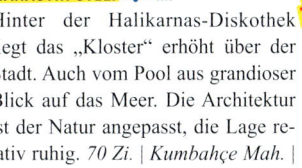

Insider Tipp

Hinter der Halikarnas-Diskothek liegt das „Kloster" erhöht über der Stadt. Auch vom Pool aus grandioser Blick auf das Meer. Die Architektur ist der Natur angepasst, die Lage relativ ruhig. *70 Zi. | Kumbahçe Mah. | Barış Sitesi Mevkii | Tel. 0252/316 28 54 | Fax 316 27 72 | www.manastirotel.com | €€*

THE MARMARA BODRUM
Ein Fünfsternehotel, das auf die Stadt herabblickt, mit allem Komfort, den man sich vorstellen kann. Das Stadtzentrum ist nicht weit entfernt, aber man fühlt sich wie in einer Oase. *100 Zi. | Yokuşbaşı Mevkii | Tel. 0252/313 81 30 | Fax 313 81 31 | www.themarmarabodrum.com | €€€*

SU HOTEL
Klein und nett ist das Hotel in einer Seitenstraße ganz in der Nähe der Marina. Es gibt einen kleinen Pool und schattige Plätze im Garten. Nicht

> DIE ERSTEN BLAUEN REISEN
Wie aus einer Verbannung Leidenschaft wurde

Der Journalist Cevat Şakir Kabaağaçlı aus İstanbul wurde 1952 wegen eines unbotmäßigen Artikels für drei Jahre in das damals noch völlig verschlafene Ägäisnest Bodrum verbannt. Aus der Verbannung wurde die Liebe seines Lebens: Cevat Bey war von Bodrum so angetan, dass er dort blieb und begann, über Land und Leute zu schreiben. In vielen Werken setzte er den Fischern von Bodrum ein literarisches Denkmal und nannte sich selbst fortan den Fischer von Halikarnassos (so der antike Name Bodrums). Und er nahm seine Besucher mit auf Bootsreisen in den Golf von Gökova, wo man ankerte und die Nächte hindurch plauderte. Diese Blauen Reisen, wie er sie nannte, waren die Vorläufer der beliebten Bootstouren durch die Buchten der Ägäis.

BODRUM

weit vom Hotel werden auch drei typische Bodrum-Häuser vermietet. *10 Zi., 2 Suiten | Turgutreis Cad. 1201 | Marina | Tel. 0252/316 69 06 | Fax 316 73 91 | www.suhotel.net | €€*

■ FREIZEIT & SPORT

Gümbet, *Bitez* und *Güvercinlik* sind die Windsurfzentren Bodrums. Tauchkurse und Exkursionen bieten mehrere Clubs an *(z. B. Aegean Pro Dive Center | Neyzen Tevfik Cad. 174 | Tel. 0252/316 07 37 | Fax 313 12 96 | www.aegeanprodive.com | 3-Tage-Paket 100 Euro)*.

Vor einer ⭐ „Blauen Reise" sollten Sie sich über Boote, Termine und Preise im Internet informieren. Sie können entweder schon zu Hause selbst eine Gruppe zusammenstellen und ein ganzes Boot mieten oder auch nur eine Kabine buchen. *Arya Yachting* hat eine breite Auswahl von Booten mit sehr erfahrenen Crews – eine absolut empfehlenswerte Agentur, die auch landesweit Einzel- und Gruppenreisen anbietet. Von Kos und Rhodos bis hin zum Golf von Gökova bei Bodrum, und Kekova bei Kas/Antalya variieren die Routenverläufe, die zudem auch noch ganz einfach mit Wandertouren kombiniert werden können *(mit Kabinencharter: ab 300 E p. P./Wo in der Do-Kabine, Vollpension ohne Getränke | Caferpasa Cad. 25/1 | Tel. 0252/316 15 80 | Fax 316 50 59 | www.aryatours.de)*.

Zwischen Bodrum und Istanbul gibt es seit 2008 auch eine bequeme Fährverbindung. Die Fahrt dauert ca. 24 Stunden und kostet ab 50 Euro p. P. *(vom 1.5. bis zum 30.9. | http://denizline.gen.tr | auch zu reservieren über die Agentur Geziciyak in Istanbul | Tel. 0212/ 238 39 74)*.

■ AM ABEND

Am Hafen, dem *İskele Meydanı*, liegen viele Cafés. Hier beginnt die *Dr. Alim Bey Caddesi*, die in die *Cumhuriyet Caddesi* übergeht und bei der

Die Nase im Wind der Südlichen Ägäis: Segeltörn bei Bodrum

SÜDLICHE ÄGÄIS

Halikarnas-Diskothek endet. Das ist die quirlige Amüsiermeile Bodrums. Parallel zum Meer reiht sich eine Kneipe an die andere – die an der Meerseite haben Strandliegen oder Terrassen mit Blick auf die beleuchtete Burg.

Auf dem *Hilmi-Uran-Platz,* im Volksmund „Pide-Platz" genannt, lässt sich auch noch später Hunger stillen: Hier gibt es bis spätabends türkische Pizzen *(pide)* und Snacks zu kaufen. *M & M Dancing* ist eine der beliebtesten Diskos hier. Rechts liegt die *Fora Bar* mit Tanzfläche am Meer. Am nächsten Platz, *Azmakbaşı,* finden Sie das *Fasıl Café Raşit,* wo Sie ab 23 Uhr türkischer Livemusik lauschen können. Die Kneipen schließen, wenn die letzten Gäste gehen. Dann isst man noch bei *Eylül* am Azmakbaşı eine Suppe.

HADIGARI ▶▶

Eines der ältesten Lokale und in den 1980er-Jahren fast schon das Wahrzeichen Bodrums. Heute gibt es hier oft sehr gute Jazzmusik zu hören, deshalb ist findet sich nicht nur junges Publikum ein. *Dr. Alim Bey Cad. 37 | Tel. 0252/316 00 48 | www.hadigari.com.tr |*

HALIKARNAS DISKOTEK ▶▶

Der Tanztempel steht am Ende der Bucht und grüßt nachts die Burg mit raffinierten Lasershows. Er ist in Form eines riesigen griechischen Tempels gebaut und wartet mit einer großen Tanzfläche und Tischen auf mehreren Ebenen auf. Schick, laut, hip. *Eintritt ab 15 Euro | Cumhuriyet Cad. 178 | Tel. 0252/316 80 00 | www.halikarnas.com.tr*

KÜBA BAR

Der Garten einer herrschaftlichen Villa gegenüber der Marina dient als Bar. Hier feiert man Silvester oder tänzelt in lauen Sommernächten zu Salsa- und Tangoklängen. *Neyzen Tevfik Cad. 62 | www.kubabar.com*

MAVI BAR

Die „Blaue" (Mavi), wie die kleine Kneipe auf drei Etagen kurz genannt wird, ist eine Institution. Von hier aus verbreitete sich eine alternative Kultur übers Land. Livemusik und Kunstausstellungen. *Cumhuriyet Cad. 175 | Tel. 0252/316 39 32*

SEYFI ▶▶

Eine Institution ist seit 25 Jahren die Kneipe von Seyfi. Es gibt kaum einen türkischen Schriftsteller, Denker oder Dichter, der nicht hier an der Theke darüber nachgedacht hätte, wie das Land zu retten sei. *Çarşı Hamam Sok. 23 | Tel. 0252/316 52 17*

KINOS

Filme in Originalsprache mit türkischen Untertiteln: *Cinemarine* (im Oasis Shopping Center | Gümbet | Tel. 0252/317 00 01) und *Karia Princess* (im Hotel Karia Princess | Çanlıdere Sok. 15 | Tel. 0252/316 62 72).

AUSKUNFT

Turizm Danışma | Barış Meydanı | Tel. 0252/316 10 91 | Fax 316 76 94 | www.bodrum-bodrum.com, www.bodrum-info.org

ZIELE IN DER UMGEBUNG

BODRUM-HALBINSEL ★ [124 A4–5]

Die Bodrum-Halbinsel ist voller grüner Hügel und wunderschöner Buch-

BODRUM

ten. *Gümbet* mit seinem flachen, aber etwas kühlen Meer und den steten Nachmittagswinden nutzen viele zum Baden und Surfen. Schön zum Übernachten ist das *Club Hotel Flora (Sahil Mevkii | 56 Zi. | Tel. 0252/316 82 00 | Fax 316 14 62 | www.florahotels.com | €€)*. Weitere Strände mit kostenlosen Liegen und Sonnenschirmen gibt es in *Bitez, Ortakent-Yahşi, Kargı* und *Karaincir.* Übernachtung: *Lavanta Village Hotel (8 Zi., 12 Suiten | Tel. 0252/385 21 67 | Fax 385 22 90 | www.lavanta.com | €€€)*. In *Yalıkavak* stehen viele Windmühlen, die Wahrzeichen Bodrums. Mit den Buchten *Tilkicik, Pascha* und *Ağaçbaşı* zählt Yalıkavak zu den besten Badebuchten Bodrums.

Insider Tipp Reittouren am Strand und in die Berge bietet das ==Hayvansaray Horse Riding Centre== *(ausgeschildert, Tel. mobil 0532/263 67 18 und 0522/215 74 76)* in einem Tal hinter der Yahşi-Bucht an. Hier können Anfänger und Fortgeschrittene Ponys und Pferde mieten.

An der südlichsten Spitze der Halbinsel liegt *Akyarlar,* ein kleiner, malerischer Ort mit guten Restaurants. ==Die schönste, aber auch windigste Bucht ist *Gümüşlük*==. **Insider Tipp** Auf dem lykischen Myndos (4. Jh. v. Chr.) gebaut, besteht das Dorf aus Steinhäusern – in vielen davon haben sich Künstler niedergelassen. Die hiesigen Restaurants zählen zu den besten Bodrums. Besonders empfehlenswert ist die ==Küche von Sevinç Hanim aus Zürich==, **Insider Tipp** die in ihrem Haus am Meer wahre Wunder vollbringt *(Sogan Sarimsak | Gümüşlük Yalisi | €€)*. Übernachten kann man in einer der vielen Pensionen am Meer, z.B. in der *Sysyphos-Pension (20 Zi. | Tel./Fax 0252/394 30 16 | www.sysyphos-gumusluk.net | €)*.

Die teuersten Hotels und Restaurants findet man in *Göltürkbükü,* etwa das 🔊 Boutiquehotel *Ada (14 Zi. | Bağarası Mevkii | Tepecik Cad. 128 | Tel. 0252/377 59 15 | Fax 377 53 79 | www.adahotel.com | €€€)*, das nicht nur Pool und Weinkeller sein Eigen nennt, sondern auch eine Privatyacht.

> BLOGS & PODCASTS
Gute Tagebücher und Files im Internet

> http://izmir-blog.blogspot.com – englischsprachiges Blog eines in Izmir lebenden Briten mit interessanten Einblicken in den türkischen Alltag.

> www.schaetze-der-welt.de/denkmal.php?id=231 – Geschichte Trojas als interaktives Bilderbuch, mit Online-Dokumentarfilm aus der TV-Reihe „Schätze der Welt"

> www.kk4you.de/blaue-reise-von-marmaris-bis-kas-252.htm – Tagebuch einer „Blauen Reise" von Marmaris bis Kaş

> www.myvideo.at/watch/4568111 – Informationen zur Buchung und zum Ablauf einer „Blauen Reise" in einem Beitrag des österreichischen Frühstücksfernsehens

Für den Inhalt der Blogs & Podcasts übernimmt die MARCO POLO Redaktion keine Verantwortung.

SÜDLICHE ÄGÄIS

Hier gibt es außerdem schöne Sundowner-Bars und Tanzkneipen, z.B. *Güverte* und *New Yorker*.

MAZI [124 B5]

Mazı ist eine ruhige Bucht am Golf von Gökova mit jahrhundertealten Olivenbäumen und kristallklarem Wasser. Seit die Straße asphaltiert wurde, kommen schon mehr Urlauber hierher. Das Dorf lebt vom Teppichknüpfen, daher können Sie Ihren Milas-Teppich direkt vom Webstuhl kaufen. Es gibt drei Pensionen am Strand (z.B. die von *Mehmet Taş | 5 Zi. | Tel. 0252/339 20 89 | Fax 339 21 72 | €*). Sie fahren bei *Güvercinler* Richtung *Mumcular* ab, dann kommen *Yeniköy*, *Yukarı Mazı* und *Aşağı Mazı*. Danach fahren Sie noch 2 km zum Meer hinunter. Von Milas fahren Minibusse hierher. *50 km südöstlich von Bodrum*

MILAS [124 B3]

Ein Besuch der alten karischen Stadt Mylasa (heute 112000 Ew.) lohnt – die Altstadt ist eine der besterhaltenen in der Türkei. Die *Firuz-Ağa-Moschee* im Zentrum stammt aus der Zeit des Fürstentums der Menteşe (14. Jh.). Westlich der Stadt liegt *Gümüşkesen* (ausgeschildert), eine Grabstätte aus dem 2. Jh., die wie eine kleine Akropolis aus dem Gebüsch ragt. Von İzmir und Bodrum fahren Busse und Minibusse hierher. *45 km nordöstlich von Bodrum*

DATÇA

[124 B6] Das frühere Fischerdorf, ziemlich mittig auf der Datça-Halbinsel (auch Reşadiye-Halbinsel) gelegen, hat sich mehr und mehr zu einem kleinen Tourismuszentrum entwickelt (15000 Ew.). Hier ist es weder laut noch anstrengend, doch sind rund um den Hafen Restaurants, Hotels und Pensionen

Stopp mit Bad: Bootstour bei Bodrum

entstanden, die auch hohen Ansprüchen genügen.

■ SEHENSWERTES

ALT-DATÇA/ESKİ DATÇA

Schöner als das touristische Zentrum am Hafen ist das 3 km von der Küste

DATÇA

entfernt gelegene Alte Datça (Eski Datça). Es ist in seiner Substanz erhalten geblieben und teils sehr schön restauriert. Ausgrabungen haben Keramikwerkstätten aus dem 4. Jh. v. Chr. zu Tage gebracht, die Sie an der Straße nach *Hızırşah* besichtigen können.

WOHNHAUS VON CAN YÜCEL

Neben den alten Windmühlen im Dorf Kızlan (8 km nördlich) liegen Wohnhaus und Grab des Dichters Can Yücel, der unter anderem Shakespeare-Werke auf seine eigensinnige und geniale Art ins Türkische übertrug. Er verbrachte seine letzten Lebensjahre in Datça. *Von Juni–Okt. ist das Haus tagsüber zu besuchen | Eintritt frei*

■ ESSEN & TRINKEN

KAPTAN'IN YERI (KÄPT'NS PLATZ) ▶▶

Eines der ältesten und besten der klassischen Fischrestaurants direkt am Hafen. *İskele Mahallesi | Tel. 0252/712 33 75 | €€*

PIRAAT

Ebenfalls am Hafen, mit einer wunderschönen Terrasse. Gute Weine. *İskele Mahallesi | Tel. 0252/712 94 81 | €€*

YASU

In einem restaurierten Steinhaus über dem Hafen, mit sagenhaftem Blick über das Meer. Fisch und Gemüsegerichte. *Kargı Yolu 2 | Tel. 0252/712 28 60 | €€*

■ EINKAUFEN

Auf der ganzen Halbinsel wachsen wilde Kräuter, die auf dem täglichen Markt verkauft werden. Thymian und Thymianhonig sollten Sie aus Datça mit nach Hause nehmen. Die Halbinsel ist zugleich Hauptanbaugebiet von Mandeln. Die Mandeln und auch Feigen werden im Juli geerntet.

■ ÜBERNACHTEN

DEDE PANSIYON

Insider Tipp

Ein schön restauriertes Bauernhaus im Alten Datça mit großem Garten, Bungalows und einem Swimmingpool. Die Pension liegt 3 km vom Strand entfernt, bietet dafür aber Ruhe und angenehme Atmosphäre. *6 Zi. | Eski Datça | Tel./Fax 0252/712 39 51 | Kontakt in Deutschland Tel. 030/611 42 03 | €€*

VILLA CARLA

Auf einem Hügel etwas außerhalb von Datça mit einem eigenen Zugang zum Strand. Freundliches, komfortables Hotel. *18 Zi. | 2 Suiten | İskele Mahallesi | Tel 0252/712 20 29 | Fax 712 28 90 | www.villacarladatca.com | €€€*

■ FREIZEIT & SPORT

Die guten Windverhältnisse machen Datça zu einem Surferparadies. *Surf Tatil Köyü*, ein Campingplatz mit schlichten Bungalows in der Kızlan-Bucht 10 km vom Hafen, ist extra für Surfer eingerichtet *(10 Bungalows, 12 Appartements | Kızlan Koyu | Gebekum Mevkii PK 35 | Tel. 0252/722 01 70 | Fax 722 03 89 | mehmet@ windsurferparadise.de | Surfbrettmiete 30 Euro/Tag, 140 Euro/Woche, Aufbewahrung 10 Euro/Woche)*. Man kann vom Hafen aus Bootstagestouren zu schönen Buchten unterneh-

> *www.marcopolo.de/tuerkei-westkueste*

SÜDLICHE ÄGÄIS

men, die sich zum Schnorcheln eignen. Es gibt eine tägliche Fährverbindung nach Bodrum. Vom Hafen setzen auch täglich Fähren zur griechischen Insel *Simi (türk. Sömbeki)* über. Aktuelle Zeiten und Preise erfahren Sie beim Türkischen *(Tel. 212/687 21 94)* und Griechischen Fremdenverkehrsamt *(Tel. 0212/421 57 77)* in İstanbul.

STRÄNDE

Viele baden gleich am Hafen, obwohl das Wasser nicht besonders sauber ist. Es gibt jedoch vier Badestrände in Gehentfernung, die genug Platz bieten: *Kumluk, Şifalı Göl, Taşlık* und *Hastane Altı* (Blaue Flagge der EU). Minibusse fahren von Datça aus regelmäßig auch zu den Buchten; die schönsten heißen *Kargı* und *Palamutbükü.*

Insider Tipp

AM ABEND

Schöne Ausgehadressen in Datça sind die *Gallus Disko-Bar (Tel. 0252/712 94 64)*, die im Hafen stimmungsvoll direkt am Meer liegt, und das *Yeşım Café (Tel. 0252/712 83 99)*, das mit Livemusik in die Kargı-Bucht lockt.

AUSKUNFT

Turizm Danışma | Belediye Binası | İskele | Tel. 0252/712 31 63 | Fax 712 35 46 | www.datcainfo.com, www.turkuaz-guide.net

ZIELE IN DER UMGEBUNG

KNIDOS ★ [124 A6]

Knidos gehört zu den spektakulären antiken Stätten der Türkei – nicht, weil dort besonders viel erhalten blieb, sondern weil die Lage so einmalig ist. Ganz an der Spitze der

Einmal tief Luft holen: entspannte Ferienatmosphäre auf der Datça-Halbinsel

DATÇA

Halbinsel gelegen, werden die Ruinen von Knidos erst nach einer Fahrt von fast 40 km über eine teils sehr schlechte Straße erreicht. Doch die Strapaze lohnt sich: Es eröffnete sich Ihnen eine grandiose Kulisse, vor der Sie gleichzeitig in der Ägäis und im Mittelmeer baden können.

Die antike Stadt gehörte im 4. Jh. v. Chr. zu einem griechischen Städtebund, deren Zentrum in Rhodos war. Das Apollo-Heiligtum in Knidos war die Schwurstätte des Bundes, aber in Knidos wurde vor allem Aphrodite, die Patronin der Seefahrer, verehrt. Leider ist in Knidos nicht mehr viel von den Bauten der Antike übrig – und von dem, was Wind und Wetter trotzte, wurden die schönsten Stücke bereits im 19. Jh. von britischen Archäologen nach London gebracht. Das größte Kunstwerk von Knidos, von dem auch Homer der Nachwelt berichtet, eine berühmte Venus von Praxiteles, wurde nie bei Ausgrabungen gefunden. Am besten erhalten ist das ✹ *Theater,* von dem aus man einen großartigen Blick aufs Meer hat. Angenehmer als über die unbefestigte Straße erreicht man Knidos von Datça aus per Boot, für eine Tagestour müssen Sie mit ungefähr 20 Euro rechnen.

KÖRMEN (KARAKÖY) [124 B6]

Ca. 10 km vom Hafen in Datça entfernt, auf der nördlichen Seite der Halbinsel, liegt das hübsche Hafenstädtchen Körmen (5000 Ew.), das oft auch Karaköy genannt wird. Auf dem Weg dorthin kommen Sie an den Orten *Hızırşah* und *Reşadiye* vorbei. Körmen ist vor allem deshalb interessant, weil von hier aus im Sommer jeden Tag über den Golf von Gökova eine Fähre von Bodrum kommt und wieder nach Bodrum zurückkehrt. Diese geschickte Schiffsverbindung ist auch der schnellste Weg, um zu dem nächstgelegenen Flughafen bei Bodrum zu gelangen *(Datça Tel. 0252/712 21 43 | Fax 712 42 39 | Bodrum Tel. 0252/316 08 82 | Fax 313 02 05).*

SIMI (SYMI) [122 B-C6]

Wenige Kilometer vor Datça, bei klarem Wetter scheinbar zum Greifen nahe, liegt die Insel Simi oder Symi (türk. Sömbeki), die bereits zu Griechenland gehört. Sie können von Datça aus ganz einfach mit dem Boot

> LOW BUDGET

> Die „Blaue Reise" kostet von Mitte April bis Ende Mai und im Oktober nur die Hälfte *(Buchungen s. S. 72).*

> Im Seglerparadies Bozburun bei Marmaris ist die *Yilmaz-Pension* direkt am Meer die ruhige, preiswerte Alternative. Kostenlose Bootstouren in die Umgebung. *Iskele Mahallesi 391 | Bozburun | Tel. 0252/456 21 67 | www.yilmazpansion.com*

> An der südlichen Ägäisküste gibt es viele preiswerte Campingplätze mit Bungalows und Apartments zum Mieten, z. B. Doga Kamp *(Körmen Limani | Datça | Tel. 0252/ 727 11 24, Fax 727 11 07, www.dogakamp.com).*

> Das billigste Frühstück in Bodrum: Kaufen Sie sich in der *Cumhuriyet Caddesi* auf dem Weg zur Burg frische Teilchen und setzen Sie sich in das Kaffeehaus der Fischerkooperative kurz vor der Burg.

SÜDLICHE ÄGÄIS

Insider Tipp einen Tagesausflug nach Simi machen, was unbedingt zu empfehlen ist. Schließlich besitzt die Insel, dank EU-Subventionen, eines der schönsten Städtchen der griechischen Ägäisinseln. Ein langer Fjord schiebt sich zwischen steil aufragenden Hügel weit ins Landesinnere und endet als Hafen. Eine wunderschöne Promenade führt rund um den Hafen, und auf beiden Hängen rechts und links vom Meer steht ein schön restauriertes Häuschen neben dem anderen. Tägliche Fähren am Hafen, Infos zu den aktuellen Zeiten und Preisen gibt es beim Türkischen *(Tel. 0212/ 687 21 94)* und beim Griechischen Fremdenverkehrsamt in İstanbul *(Tel. 0212/421 57 77)*. *www.symis land.com*

KUŞADASI

KARTE IN DER HINTEREN UMSCHLAGKLAPPE

[124 A1] Kuşadası (ca. 35 000 Ew.), einer der größten und touristisch am weitesten entwickelten Orte an der Ägäis, ist über die Autobahn vom 90 km entfernten İzmir aus gut zu erreichen. Der Name Kuşadası (Vogelinsel) stammt von der dem Ort vorgelagerten „Taubeninsel", die seit 1834 durch einen Damm mit dem Festland verbunden ist und auf der ein von Genuesen erbautes, gut erhaltenes Kastell steht. Vor dem Kastell liegt der Fischerhafen, von hier fahren die Ausflugsboote nach Samos. Vom Fischerhafen bis zum nördlich gelegenen Yachthafen erstreckt sich das Zent-

Nach dem Theaterbesuch in Knidos lockt ein Sprung ins Meer

KUŞADASI

rum der Stadt. Entlang der Promenade reihen sich Hotels aneinander, hinter dem Fischerhafen, rund um den Basar, befinden sich die Reste des früheren osmanischen Städtchens. Obwohl bei Kuşadası auch schöne Strände liegen, verdankt die Stadt ihre Bedeutung hauptsächlich ihrer Lage als Ausgangsort für die Besichtigung der antiken Highlights der Südlichen Ägäis. Während der Saison legen fast täglich große Kreuzfahrtschiffe an, deren Gäste nach Ephesos, Milet und Didyma ausschwärmen. Wer einen längeren Aufenthalt in Kuşadası plant, sollte eine Unterkunft am südlichen Stadtrand suchen, wo auch die Strände liegen.

■ SEHENSWERTES

GÜVERCINADA/TAUBENINSEL

Über einen Damm können Sie trockenen Fußes zur Taubeninsel hinüberlaufen. Dort ist die kleine genuesische Festung aus dem 14. Jh. zu bewundern, deren Turm später als Munitionsdepot genutzt wurde. Auf der Halbinsel gibt es eine Reihe schöner Teehäuser, die zu einem geruhsamen Nachmittag einladen.

ÖKÜZ MEHMETPAŞA HANI

Die große, 1618 von den Osmanen erbaute Karawanserei beherbergte früher eine Zollstation. Heute hat sich in den ehrwürdigen Mauern das Luxushotel *Club Caravanserail (26 Zi. | Öküz Mehmet Paşa Kervansarayı | Atatürk Bulvarı 2 | Tel. 0256/614 41 15 | Fax 614 24 23 | www.kusadasihotels.com/caravanserail)* eingerichtet. Auch wenn Sie nicht dort wohnen, sollten Sie einmal einen Blick in den Innenhof werfen.

■ ESSEN & TRINKEN

CAFÉ SEYHAN & RESTAURANT

Die Küche des sehr beliebten Restaurants ist ein Gemisch aus türkischen, französischen, chinesischen und indischen Gerichten. Wer die Rabatt-

Erst über den Damm spazieren, dann beim Tee relaxen: malerische Taubeninsel

SÜDLICHE ÄGÄIS

marke auf der Website ausdruckt und mitbringt, bekommt 15 Prozent Ermäßigung. *Sağlık Sok. 63 | Tel. 0256/ 614 79 85 | www.cafeseyhan.com |* €€

GÜVERCINADA CAFÉ

Ein einfaches und ruhiges Gartencafé auf der Taubeninsel: Holzstühle, unaufdringlicher Service, wunderschöne Aussicht. *Güvercinada Mevkii |* €

İSTANBUL MEYHANESI

Eine typische türkische Taverne: Die Auswahl an Vorspeisen ist so groß, dass Sie ohne weiteres auf den Hauptgang verzichten können. Klassische türkische Musik live. *Camikebir Mah. Kışla Sok. 7 | Tel. 0256/613 16 77 |* €

KAZIM USTA

Manche sind der Meinung, dass es kein besseres Fischrestaurant in Kuşadası gibt. Große Auswahl, frischer Fisch, und man sitzt am Wasser. *Balıkçı Limanı | Tel. 0256/614 12 26 |* €€€

KONYALI

Die Restaurants dieser Kette mit Niederlassungen in İstanbul, Ankara und İzmir zählen zu den besten des Landes, vor allem, was Fleisch- und Gemüsegerichte angeht. *Atatürk Bulvarı | gegenüber der Marina | Tel. 0256/618 01 75 |* €€

EINKAUFEN

Die Kreuzfahrtschiffe bringen zahlungskräftige Gäste nach Kuşadası, was die Preise hochtreibt. Dafür finden Sie hier erstklassige Ware: Teppiche, Schmuck und Leder sind gefragte Mitbringsel.

BAZAAR 54

Die größte und beste Teppichadresse der Region ist das Dorf Çamlık bei Selçuk. Hier hat sich die Teppichkette Bazaar 54 ein „eigenes Dorf" auf 168 000 m² geschaffen. Hier werden die Teppiche nicht nur verkauft, sondern auch geknüpft. Ein Lokomotivmuseum ist angehängt. Minibusse vom Busbahnhof. *Tgl. 8-20 Uhr | Camlik Köyü | Tel. 0232/894 80 80 | www.bazaar54.net*

FREDDY'S SHOP

Stadtbekanntes, großes Geschäft für Leder und Schmuck. Inhaber Ferhat Duyar führt das Familienunternehmen seit 1989. *Adnan Menderes Bulvarı 1 | www.diamondturkey.com*

MEERSCHAUM KING

Typische türkische Souvenirs: Von Keramiktellern bis zum Teeservice

KUŞADASI

finden Sie hier alles. Aufwändig geschnitzte Meerschaumpfeifen sind die Spezialität (ab 100 Euro). *Dağ Mah. | Yalı Cad. Orient Bazaar 7/B | www.meerschaumking.com*

SOLITAIRE PLUS
Hier finden Sie Smaragde, hochkarätige Diamanten und mehr Pretiosen. Beim Kauf von über 1 Karat gibt es eine Woche Urlaub gratis im Hotel Ihrer Wahl; nur kostet das eben eine Kleinigkeit. *Cumhuriyet Mah. | Candan Tahran Bulvarı 4/2 | www.solitaire-plus.com*

■ ÜBERNACHTEN

CAPTAIN'S HOUSE
Im Stil von Schiffskajüten gebaute und eingerichtete Zimmer verleihen der netten, sauberen Pension unweit vom Meer ihren besonderen Charme. *18 Zi. | Atatürk Bulvarı | Istiklal Cad. 3 | Tel. 0256/614 47 54 | Fax 612 22 16 | www.captainshousepansiyon.com | €*

ILAYDA
Mittelklassehotel im Zentrum direkt vor dem Stadtstrand. Große Zimmer mit Balkon zum Meer. *40 Zi. | Atatürk Bulvarı 46 | Tel. 0256/614 38 07 und 614 51 15 | Fax 614 67 66 | www.hotelilayda.com | €€*

KISMET
Das Hotel mit der schönsten Sicht in Kuşadası: Gleich neben der Marina, gegenüber der Taubeninsel, hat die Anlage neben einem Pool auch einen eigenen Strandabschnitt. *107 Zi. | Akyar Mevkii | Tel. 0256/618 12 90 | Fax 618 12 95 | www.kismet.com.tr | €€€*

VILLA KONAK *Inside Tipp*
Von den Betonkästen, die Kuşadasıs Hotellandschaft beherrschen, hebt sich die Anlage angenehm ab, mehrere Altstadthäuser sind zu einem Komplex zusammengeschlossen. In der Mitte liegt ein Innenhof mit Pool. *27 Zi. | Yıldırım Cad. 55 | Tel. 0256/ 612 21 70 | Fax 613 15 24 | www.villakonakhotel.com | €€*

■ FREIZEIT & SPORT

Tauchen lässt es sich in Kuşadası sehr gut, zumal es hier eine große vorgelagerte Insel gibt. Das *Sea Garden Dive Center* bietet Tauch- und Tauchprobegänge an (Mindestalter der Teilnehmer 10 Jahre). Wer diese bucht, wird vom Hotel abgeholt. *Yılancıburnu | Tel. 0256/612 40 80 | Fax 612 68 96 | mobil 0532/ 211 43 41 | http://seagardendiving. com | PADI Anfänger 24 Euro, vom Boot aus 28 Euro, Schnorcheltour und Mitfahren 10 Euro, PADI-Diplom 215 Euro*

Wer möchte, kann einen Bootsausflug zur nahe gelegenen griechischen Insel *Samos* unternehmen. *1. April– 31. Okt. ab Kuşadası 8.30, ab Samos 17 Uhr, 1. Mai–15. Okt. ab Samos 8.30, ab Kuşadası 17 Uhr, einfache Fahrt 29,95 Euro, Tageskarte ohne Übernachtung 34,95 Euro, open return 54,95 Euro | Meander Travel | Kibris Cad. 1/A | Tel. 0256/614 73 44 | Fax 612 72 95*

Fährverbindungen: *www.visitkusadasi.com/ferries.htm*

■ STRÄNDE

Außer dem *Strand des Dilek-Nationalparks* und *Çamlimanı* besitzen nun auch *Kadınlar Plajı, Altın Sahil,*

> *www.marcopolo.de/tuerkei-westkueste*

SÜDLICHE ÄGÄIS

Tusan Plajı und *Uzun Plajı* mit der begehrten Blauen Flagge – einem internationalen Umweltsymbol – die Auszeichnung für Sauberkeit. Ein ruhiger Badeplatz ist der *Strand auf der Taubeninsel*.

Tanzen anreisen. *Kaleiçi | Sakarya Sok. 10 | Tel. 0256/612 22 08*

JIMMY'S IRISH BAR
Die beliebte, große Kneipe hat auch eine Tanzfläche. *Barlar Sokağı*

Schöner wohnen in Kuşadası: Das Hotel Kismet besticht mit seiner ganz besonderen Lage

■ AM ABEND
Die Kneipenmeile (Pub Lane) von Kuşadası erstreckt sich hinter der Hauptpost und besteht größtenteils aus englischen und irischen Pubs. Im Stadtteil *Kaleiçi* gibt es viele Lokale, die bis spät in die Nacht geöffnet sind. Hier kann man in den schönen Innenhöfen und Gärten der alten türkischen Häuser sitzen.

ECSTASY ▶▶
Die Open-Air-Diskothek ist so populär, dass sogar Gäste aus İzmir zum

■ AUSKUNFT
Turizm Danışma | Liman Caddesi (am Hafen) | Tel. 0256/614 11 03 | Fax 614 62 95 | www.turkuaz-guide.net

■ ZIELE IN DER UMGEBUNG
BAFA GÖLÜ/BAFA-SEE [124 A–B3]
Am Fuß des vulkanischen Beşparmak-Gebirges (früher Latmos), unweit der antiken Stätten von Milet und Herakleia, liegt der Bafa-See, dessen Wasser noch heute leicht salzig ist: Er war bis zum 4. Jh. eine

KUŞADASI

Meeresbucht, die nach und nach vom Meer abgeschnitten wurde. An der Bucht lag die Hafenstadt Herakleia, von wo aus der Marmor für die Prachtbauten der Region verschifft wurde. Heute sind die Überreste der Stadt inmitten des Dorfes *Kapıkırı* verschwunden. Ruinenstücke zwischen den Olivenbäumen und weidenden Kühen zu entdecken, ist ein Abenteuer für sich. In der ruhigen *Agora Pension (12 Zi. | Tel. 0252/543 54 45 | Fax 543 55 67 | www.herakleia.com | €)* organisiert ein deutschsprachiger Führer Wanderungen ins Gebirge, wo neben versteckt gelegenen Klöstern der Urchristen auch Höhlenmalereien aus der Bronzezeit zu finden sind. Am schönsten ist es hier im Frühling. *www.bafalake.com | 60 km südlich von Kuşadası*

DIDYMA/DIDIM ⭐ [124 A3]

Der *Apollo-Tempel* in Didyma war nach dem Orakel von Delphi die wichtigste Kultstätte im antiken griechischen und später römischen Kulturkreis. Die Orakelstätte wurde über einer heißen Quelle errichtet, aus der die Priester tranken, bevor sie ihre Weissagungen zu Protokoll gaben. Nachdem der Tempel von den persischen Eroberern zerstört worden war, beschlossen die Bürger von Milet noch vor dem Feldzug Alexanders des Großen den Wiederaufbau. Das Projekt, ein riesiges Tempelgeviert, wurde allerdings auch nach stolzen 600 Jahren Bauzeit nicht vollendet.

Bafa Gölü – wo die Sonne im See versinkt, lag einst eine Meeresbucht

> www.marcopolo.de/tuerkei-westkueste

SÜDLICHE ÄGÄIS

Trotzdem bilden die Reste der einstmals 120 Marmorsäulen noch heute eine sehr imposante Erscheinung. Am Eingang der Ausgrabungsstätte, an der auch deutsche Archäologen arbeiten, steht man riesigen Medusenhäuptern gegenüber, die zu den eindrucksvollen Verzierungen des Tempels gehörten. *Tgl. 8–17.30 Uhr | Eintritt 1,50 Euro.* Gegenüber liegt die *Pension Oracle (8 Zi. | Müze Karşısı, Meydan | Tel. 0256/ 813 15 83 | €)* mit Blick auf den Tempel. *www.didim.de | rund 80 km südlich von Kuşadası*

DILEK-NATIONALPARK [122 C6]

Der große Nationalpark auf der Dilek-Halbinsel südlich von Kuşadası ist ein wunderbares Naturgebiet rund um den Samsun-Berg. In der Vor- oder Nachsaison, wenn es nicht mehr ganz so heiß ist, sollten Sie hier unbedingt eine Wanderung auf den 1000 m hohen Bergrücken unternehmen, von wo aus sich eine phantastische Aussicht auf die Umgebung, auf das Meer und das fruchtbare Mäandertal, bietet. Im Nationalpark leben seltene Tiere, von Luchsen bis zu ausgewilderten Pferden. Drei Strände (der größte heißt *Kalamaki*) laden zum Baden ein. Das Wasser ist hier so einladend und sauber wie nirgends sonst, allerdings sind deshalb die Miete für die Liegen und die Sonnenschirme nicht gerade billig (ca. 6 Euro). *Tgl. 7–20 Uhr | Eintritt 2,50 Euro, Auto 3 Euro*

EPHESOS/SELÇUK ★ [124 A1]

Ephesos gehört zu den weltweit berühmtesten antiken Stätten, die aus vorchristlicher Zeit erhalten geblieben sind. Die antike Metropole 20 km nördlich von Kuşadası ist seit Mitte des 19. Jhs. Stück für Stück freigelegt und aufwändig restauriert worden, sodass sich heute das fast vollständige Bild einer reichen Großstadt von vor 3000 Jahren zeigt.

Für einen Besuch von Ephesos lohnt es sich einen Tag Zeit zu nehmen. Die eigentliche Ausgrabungsstätte hat einen unteren und einen oberen Eingang, der übliche Rundgang beginnt am unteren Eingang. Bereits vor der Kasse kommen Sie an den *Überresten des ehemaligen Stadions* und einem *byzantinischen Palast* vorbei. Nachdem man das Gelände betreten hat, fasziniert gleich das *Große Theater*. In diesem für 25 000 Besucher angelegten Bau fanden sowohl Theateraufführungen als auch politische Versammlungen statt. Wer die Ränge bis nach oben hinaufklettert, hat einen guten Überblick über die gesamte Stadt. Gegenüber dem Theater führt eine ehemalige Arkadenallee zum antiken *Hafen von Ephesos*. Der Hafen verlandete im 3. Jh., was letztlich dazu führte, dass die Stadt in byzantinischer Zeit aufgegeben wurde.

Nach dem Abstecher zum Hafen beginnt der eigentliche Rundgang. Der Bummel durch Ephesos führt über die *Marmorstraße* zur *Kuretenstraße* immer weiter den Hügel hinauf, bis man am Ende, hinter der Staatsagora, den oberen Ausgang erreicht. Auf diesem Weg passiert man die *Agora*, den Handelsplatz der Stadt, an dessen Ende das aufwendigsten restaurierte Gebäude steht, die *Celsus-Bibliothek*, in der im Sommer Konzerte stattfinden. Et-

KUŞADASI

was weiter den Hügel hinauf liegen die erst seit 2001 für den Publikumsverkehr geöffneten *Hanghäuser (yamaç evleri)*, ehemalige römische Patriziervillen mit Marmorfriesen und Fußbodenheizung. Je höher man kommt, umso enger wird der Weg, bis man durch das *Herkulestor* den oberen Bereich von Ephesos betritt. Hier beeindruckt die *Staatsagora*, ein weitläufiges Areal, in dem die Versammlung der Stadtoberhäupter abgehalten wurde.

Schon während der römischen Hochzeit – Ephesos war die römische Hauptstadt Asiens – begann in Ephesos die frühchristliche Phase. Der Apostel Paulus gründete hier eine Gemeinde. Innerhalb des umzäunten Ausgrabungsareals gibt es eine *Marienkirche* und, etwas weiter entfernt, das *Marienhaus (Meryemana Evi)*, in dem Maria, die Mutter Jesu, angeblich die letzten elf Jahre ihres Lebens verbrachte. Auf Gerüchte hin, dass sie hier bestattet sei, ließ das Kulturministerium 2003 die Erde um das Haus herum umgraben, aber man fand nichts. Das Haus wurde schon seit Jahrhunderten als Kapelle benutzt. Seit der Papst 1967 hier war, ist es Wallfahrtsstätte, zu der auch Muslime pilgern, weil Meryem (Maria) auch im Islam als die Mutter Jesu (Isa) verehrt wird.

Außerhalb des Ausgrabungsareals am Rand des Ortes Selçuk liegen das *Archäologische Museum*, die Reste des *Artemis-Tempels* und, auf dem dahinter liegenden Hügel, das byzantinische Ephesos rund um die *Johannes-Basilika*. Die Basilika wurde im 6. Jh. im Auftrag des byzantinischen Kaiser Justinian über dem mutmaßlichen Grab des Evangelisten Johannes erbaut. *Ausgrabungsstätte tgl. 8.30–17.30 Uhr | Eintritt 10 Euro, für die sehenswerten Hanghäuser muss ein Extraticket (10 Euro) gelöst werden | Museum Ephesos/Selçuk*

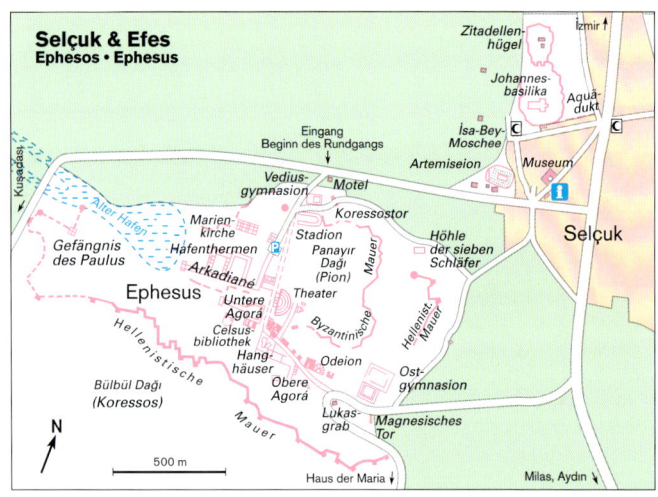

> www.marcopolo.de/tuerkei-westkueste

SÜDLICHE ÄGÄIS

Di–So 8.30–12 und 13–17.30 Uhr | Eintritt 2,50 Euro | Ausgrabungsareal Ayasoluk-Hügel mit Johannes-Basilika tgl. 9–17 Uhr | Eintritt 4 Euro. Im Internet: www.ephesusguide.com

MILET [124 A3]
Die einstmals größte Stadt der westlichen Welt ist heute teilweise in Schlamm und Brackwasser versunken. In Milet lebten und wirkten so bedeutende Männer wie Thales, der die ersten geometrischen Gesetze entwickelte, und der Architekt Hippodamus. Die einstige Hafenstadt teilte mit der Zeit das Schicksal der meisten anderen griechischen Städte an der Ägäis: Sie verlandete. Sehenswert sind neben dem Theater die Reste des *Athena-Tempels* aus dem

Restaurierte Pracht: die Fassade der Celsus-Bibliothek in Ephesos

ken. In Milet lebten im 8. Jh. v. Chr. über 100 000 Menschen. Die schönsten Stücke aus ihrem kulturellen Erbe, so auch das *Markttor*, befinden sich heute im Berliner Pergamon-Museum. Aber das ☼ *Theater*, das besterhaltene antike Theater der Türkei, ist allein schon einen Besuch wert! Von hier aus blickt man auf die Ruinenstadt und das unendliche Tal. 5. Jh. v. Chr., die *Südliche Agora* und das so genannte *Hafenviertel*. Im angeschlossenen *Museum* sind Funde ausgestellt. Aktuelle Ausgrabungsarbeiten: *www.ruhr-unibochum.de/milet. Ausgrabungsstätte tgl. 8–17.30 Uhr | Eintritt 1,50 Euro | Museum Di–So 9–17 Uhr | Eintritt 1,50 Euro | 55 km südlich von Kuşadası*

KUŞADASI

PRIENE ✤ [124 A2]

Eine der weiteren Städte des Ionischen Bundes an der Ägäisküste war Priene – kaum vorstellbar, dass auch dieser Ort am Fuß des Samsun-Berges (früher Mykale) einmal am Meer lag, das nun kilometerweit entfernt ist. Priene mit seinen zwei Häfen hatte nie die Größe oder Bedeutung von Städten wie Ephesos oder Milet und verlandete bereits im 4. Jh. v. Chr. Die heutigen Ruinen stammen von einer Neugründung aus 350 v. Chr. und wurden vom Architekten Hippodamus aus Milet geplant: eine Stadt mit rechtwinklig angelegten Straßen, in der alle Häuser Tageslicht hatten und die Menschen in gerecht aufgeteilten Räumen lebten.

Den Neubau des über der Stadt thronenden *Athena-Tempels* finanzierte Alexander der Große, der auf seinem Feldzug gegen die Perser im Jahr 334 v. Chr. hier vorbeikam. Dieser Tempel und das 5000 Menschen fassende *Theater*, eines der ältesten in der Türkei, sind die bis heute am besten erhaltenen Ruinen von Priene.

Unter Byzanz war die Stadt Bischofssitz, im 12. Jh. wurde sie vollständig verlassen. Die Funde aus Priene sind zum Teil im İstanbuler Archäologischen Museum ausgestellt. Die Ausgrabungsstätte besticht vor allem durch ihre wunderschöne Lage: Von dem Hochplateau aus genießt man einen phantastischen Blick über das Delta des Menderes (Mäander), des mit 584 km längsten Flusses der Westküste. Infos: *http://lexikon.freenet.de/Priene*, aktuelle Ausgrabungsarbeiten: *http://web.uni-frankfurt.de/fb09/klassarch/Projekte.html*. *Tgl. 8–17.30 Uhr | Eintritt 2 Euro | ca. 30 km südlich von Kuşadası*

Früher grichisch, heute idyllisch: Şirince

ŞIRINCE [124 A1]

Ganz nah bei Ephesos thront dieses ehemalige griechische Dorf (ca. 1500 Ew.) auf einem grünen Hügel. Mit seiner intakt gebliebenen Architektur ist es das perfekte Ziel für Tagestouren. Seine Geschichte soll bis

> www.marcopolo.de/tuerkei-westkueste

SÜDLICHE ÄGÄIS

zum 5. Jh. zurückgehen, aber die Künstler und Intellektuellen, die sich in den späten 1990er-Jahren hier niederließen, interessiert mehr die idyllische Gegenwart. Die türkischen Bewohner betreiben wie ehemals die Griechen Wein- und Ölproduktion, haben Obstgärten, sammeln und verkaufen die Kräuter, die auf dem 350 m hohen Hügel wachsen. Die größere der beiden Kirchen von 1832 wurde vom Kulturministerium restauriert, in der zweiten wird noch gearbeitet.

Essen kann man sehr billig in einem der vielen Gartenlokale. Es gibt mehrere Herbergen in verschiedenen Preislagen (z.B. *Nişanyan Evleri | 5 Zi., 3 Häuser | Tel. 0232/898 32 08 | Fax 898 32 09 | nisanyan@nisanyan.com | €€€; Erdem Pansiyon | 5 Zi. | Tel. 0232/898 30 69 | Fax 898 32 26 | €€*). Nach Şirince kommt man von Selçuk aus Richtung Osten über eine 8 km lange Asphaltstraße, von Selçuk fahren stündlich Dolmuşbusse. *32 km nordöstlich von Kuşadası*

MARMARIS
KARTE IN DER HINTEREN UMSCHLAGKLAPPE

[125 D5] Mit Bodrum gehört Marmaris (ca. 30 000 Ew.) zu den beiden pittoresken Fischerdörfern der Südlichen Ägäis, die sich seit 1960 radikal verändert und in große Tourismuszentren verwandelt haben. Nicht immer zufällig ausgebrochene, große Waldbrände im Hinterland – Marmaris' Tannen- und Zedernwälder sind berühmt – haben hässlichen Betonbauten den nötigen Platz beschert. Seit der Eröffnung des Flughafens Dalaman Anfang der 1990er-Jahre erhöhte sich die Bettenkapazität von Marmaris auf 50 000 und die Einwohnerzahl im Sommer auf 130 000. Trotzdem bleibt die Stadt attraktiv: Die gut erhaltene Burg, der Strand vor der Tür, der alte Hafen, die Schau schöner Segelboote am Kai und das rege Nachtleben ziehen jährlich Zehntausende hierher. Die Buchten in der Umgebung wie *İçmeler* (10 km) und *Turunç* (20 km), beide wegen ihrer Sauberkeit mit der Blauen Flagge der EU ausgezeichnet, sind ruhiger.

Von dem antiken Physkos, der Hafenstadt der Karer, ist nicht viel übrig geblieben – außer der Bedeutung als Hafenstadt: Die Marina von Marmaris ist die größte des östlichen Mittelmeers und zugleich der Ausgangspunkt für Touren in die Umgebung einschließlich der griechischen Inseln. Mit dem großen Golf von Gökova im Norden mit seinen zahlreichen Buchten, den Inseln des Dodekanes gleich vor der Tür und den Halbinseln Datça und Bozburun in Reichweite ist Marmaris eine Reise wert. Da die Stadt für die osmanische Flotte ein wichtiger Stützpunkt war, gibt es hier verschiedene Sehenswürdigkeiten aus den vergangenen Jahrhunderten.

■ SEHENSWERTES
KALE/BURG

Auf den Resten des alten ionischen Kastells ließ Suleiman der Prächtige, Sohn des Eroberers von İstanbul, Mehmets II., 1522 eine Burg errichten, um einen Stützpunkt für seinen Eroberungszug nach Rhodos zu haben. Heute sind mehrere Säle als Museum hergerichtet, in dem u.a. ein

MARMARIS

türkisches Haus nachbaut ist und archäologische Funde aus der Umgebung gezeigt werden. *Di–So 8–12 und 13–15 Uhr | Eintritt 3 Euro*

KARAWANSERAIL
Die Karawanserei im Ortszentrum ist ein schönes Beispiel osmanischer Kommerzbauten. Sie wurde 1545 errichtet und beherbergt heute statt Kamelen touristische Souvenirläden.

KARAWANSERAIL TAŞHAN
Diese Karawanserei stammt – wie auch die daneben liegende Bogenbrücke *Kemerli Köprü* – aus dem Jahr 1552, als die Osmanen das östliche Mittelmeer weitgehend unter ihre Kontrolle brachten. *10 km außerhalb, in Richtung Muğla*

■ ESSEN & TRINKEN

SEA CLUB
Das gediegene Fischrestaurant mit italienischem Touch in der Netsel Marina bietet vom Frühstück über Brunch und Lunch bis zum Candlelightdinner alles, was das Herz begehrt. Mit schönem Blick. *Tgl. 8 – 1 Uhr | Netsel Marina D/1 Blok | Tel. 0252/ 413 48 57 | Fax 413 19 20,* *http://seaclubmarmaris.com | €€€*

MR. ZEK
Blick von der Terrasse aus über die Marina, gehobene Küche mit Gemüse, Fisch und Fleisch. In der Hochsaison reservieren! *Yat Limanı | Barbaros Cad. 49 | Tel. 0252/413 41 23 | €€€*

SARDUNYA *Insider Tipp*
Das einfache Restaurant gehört zu einer Pension und liegt außerhalb auf dem Weg nach Bozburun. Hier können Sie den ganzen Tag am Kieselstrand sonnenbaden, schwimmen gehen und essen. *Über Hisarönü Richtung Bozburun | 40 km westlich vom Zentrum | Selimiye Köyü | Tel. 0252/ 446 40 03 | €*

■ EINKAUFEN

Marmaris hat eine ganze Reihe von Souvenirläden, Teppich- und Ledergeschäften und Juwelieren. *Netsel Marina* führt nur Nobelmarken. Im Zentrum gibt es den *Basar Marmaris Merkezi.* Im *Çarşı,* dem Marktviertel, sind die Preise etwas niedriger. Am billigsten ist der *Freitagsmarkt,* wo man Textilien mit kleinen Fehlern preiswert kaufen kann.

■ ÜBERNACHTEN

HOTEL ALMENA
Solide Unterkunft in der Innenstadt, mit Pool und Fitnesscenter ausgestattet. *55 Zi., 5 Suiten | Ke-mal Elgin Bulvarı 45 | Tel. 0252/413 82 29 | Fax 413 82 50 | www.almenagroup. com | €€*

ÇUBUCAK ORMAN KAMPI *Insider Tipp*
Der Campingplatz in der Bucht von Çubucak liegt direkt am Meer an einem großen Pinienhain. Zelte können gemietet werden. *April–Okt. | Datça Yolu | Tel. 0252/466 63 02 | kein Fax | www.cubucak.net | €*

GOLDEN KEY HISARÖNÜ
In der Hisarönü-Bucht liegt diese kleine, exklusive Anlage, eines der sehr noblen Hotels des Landes. *15 Suiten | Hisarönü Köyü | Tel. 0252/466 66 20 | Fax 466 60 42 | www.goldenkeyhotels.com | €€€*

> *www.marcopolo.de/tuerkei-westkueste*

SÜDLICHE ÄGÄIS

LORYMA RESORT
Die phantastische Hanglage erlaubt einen unvergesslichen Blick vom Pool auf die Turunç-Bucht, wo das Resort inmitten von Pinien liegt. *184 Zi. | Tel. 0252/476 72 20 | Fax 476 72 25 | Turunç | 20 km vom Zentrum | www.loryma.com | €€€*

MARES HOTEL
Große Anlage mit Pool, Sauna und Tennisplatz. Im Grünen und mit Blick aufs Meer. *252 Zi. | 9 Suiten. 159 Appartements | Pamucak Mevkii | Tel. 0252/455 22 00 | Fax 455 22 01 | www.mares.com.tr | €€€*

FREIZEIT & SPORT

Wie fast überall an der Ägäisküste können Sie auch in Marmaris tauchen *(Fey Diving Center | Hotel Turban, PK 230 | Tel. 0252/412 56 81 | Fax 412 88 68)*. Das Tauchrevier ist die so genannte „dritte kleine Tasche" *(Üçüncü Küçük Cep)* bei der Phosphorhöhle.

Eigentlich will man gar nicht mehr in See stechen: der schöne Hafen von Marmaris

Der **Dalaman-Fluss** gehört zu den besten Raftingstrecken. Veranstalter in Marmaris: *Alternatif Raft | Kenan Evren Blv. Çamlık Sok. 10/1 | Tel. 0252/417 27 20 | Fax 417 39 52 | info@alternatifraft.com; Ecoraft | Mustafa Muğlalı Cad. 84. Sok. 3/3 | Tel. 0252/411 08 78 | Fax 413 04 84 | info@ecoraft.com; s. S. 102*

Marmaris ist auch ein Abfahrtshafen für Blaue Reisen. Veranstalter: *Arya Yacht Tours | Yat Limanı Barbaros Cad. 45 | Tel. 0252/413 43 58 | Fax 413 45 76 | www.aryatours.de*

MARMARIS

Von Marmaris nach *Rhodos* kann man täglich mit schnellen Katamaranen in einer Stunde Fahrtzeit übersetzen. *April–Okt., ab Marmaris 9 Uhr, ab Rhodos 16.30 Uhr | Fahrtdauer 1 Stunde, einfache Fahrt 47 $, Tagesticket 47 $, open return 75 $, Kinder bis 6 Jahre gratis, 7–12 Jahre 31 $ bzw. 54 $ | http://rhodes.marmaris info.com*

Vom Hafen aus gibt es Tagestouren zu den umliegenden Badeorten *Cennet Adası, Amazon Koyu* und *Kilise Koyu*. Hinter der Netsel Marina liegt der grüne Ort *Günnücek* mit Picknickareal und Strand.

■ AM ABEND

Wie jedes größere touristische Zentrum am Mittelmeer hat auch Marmaris seine Kneipenmeile: *Hacı Mustafa Sokak*. Die Bars sind überwiegend britisch und irisch, dementsprechend ist auch das Publikum und die Musik, die aus den Boxen schallt. *Green House (Hacı Mustafa Sok. 89 | Tel. 0252/412 50 71)* und *Back Street (Hacı Mustafa Sok. 125 | Tel. 0252/412 40 48)* sind die In-Diskos. An der Marina gibt es schöne Bars, die höheren Ansprüchen genügen, z.B. im ▶▶ *Sea Club* mit Latino- und Jazzmusik für ruhige Abende.

Ein Erlebnis sind *Mondscheintouren* auf Ausflugsbooten *(22 bis ca. 2 Uhr | 3 Euro | Abfahrt am Hafen)*. Das *Netsel Marina Cinema (Yat Limanı | Tel. 0252/412 27 08)* zeigt aktuelle Filme in Originalsprache mit türkischen Untertiteln.

In Bozburun werden Holzboote noch in traditioneller Weise gebaut

> www.marcopolo.de/tuerkei-westkueste

SÜDLICHE ÄGÄIS

AUSKUNFT

Turizm Danışma | İskele Meydanı 2 | Tel. 0252/412 10 35 | www.marmaris-online.com, www.marmarisinfo.com, www.aboutmarmaris.com

ZIELE IN DER UMGEBUNG

BOZBURUN [124 C6]

Bozburun auf der gleichnamigen Halbinsel vor Marmaris ist ein noch iummer verschlafenes Fischerdorf, das trotz mittlerweile ausgebauter Straßen weiterhin meist von Yachten angefahren wird. In den Werften können Sie beim Bau der ortstypischen Holzboote *tirandil* und *gulet* zusehen und am Kai in netten Cafés und Restaurants essen, trinken und entspannen. Mittlerweile zum Klassiker avanciert ist das kleine Hotel *Sabrinas Haus* der Deutschen Sabrina Zimber mit einem eigenen Mini-Strändchen *(20 Zi. | Tel. 0252/456 24 56 | Fax 456 24 70 | www.sabrinashaus.com | €€€). 50 km südwestlich von Marmaris*

Insider Tipp

SEDIR ADASI/CEDREAE [125 D5]

Die Insel im Golf von Gökova ist berühmt für ihren *Kleopatra-Strand*. Marcus Antonius soll den feinen Sand für seine Angebetete aus Ägypten herbeigeschifft haben. Tatsächlich ist dieser Typ Sandkorn im Mittelmeer außer in Ägypten nur noch auf Kreta zu finden. Aus diesem Grund ist es auch verboten, Sand von hier mitzunehmen. Das Wasser ist glasklar!

Ihren Namen hat die Insel von den Zedern, deren Holz wegen seiner Beständigkeit beim Bootsbau bevorzugt wird. Die Ruinen eines Apollo-Tempels, des Theaters und einer Nekropole aus griechischer Zeit sind zu besichtigen. Auf halber Strecke zwischen Marmaris und Gökova kann man vom Fähranleger Taşbükü aus bis mittags ein Boot zur Sedir Adası nehmen (Rückkehr 16–17 Uhr). Der Besuch der Insel kostet Eintritt *(6 Euro). Taşbükü liegt 35 km nördlich von Marmaris*

> BÜCHER & FILME
Geschichtliches, Kulinarisches und Reisen unter Segeln

> **Das Artemision von Ephesos** – Zum hundertjährigen Jubiläum der österreichischen Ausgrabungsarbeiten in Ephesos gab der Zabern-Verlag einen schönen Band heraus, in dem Anton Bammer und Ulrike Muss die sagenumwobene Geschichte dieser klassisch ionischen Stadt nacherzählen.

> **Törnführer Türkische Küste** – Gerd Radspieler führt den Leser, vom Bosporus ausgehend, über fast 1500 Seemeilen an der Ägäisküste entlang bis nach Antalya weit im Südosten.

> **Türkei – Kochen und verwöhnen mit Originalrezepten** – Erika Casparek-Türkkans Kochbuch hilft Ihnen auf eine einfache Weise, den kulinarischen Genuss aus dem Urlaub zu Hause fortzusetzen

> **Segeln in der Ägäis** – Die Ägäis verbindet und trennt Griechenland mit und von den Türken. Der 43-minütige ZDF-Reiselust-Film verspricht eine „Reise durch die Welt der Götter" von der Antike bis in unsere Tage.

> KLEINE BUCHTEN, STILLE DÖRFER UND EIN WEISSES SCHLOSS

An den Golf von Gökova und die Sinterterrassen von Pamukkale

Die Touren sind auf dem hinteren Umschlag und im Reiseatlas grün markiert

1 ENTDECKUNGEN AM GOLF VON GÖKOVA

Dieser Tagesausflug ist ein Vorschlag für alle, die der Betriebsamkeit Bodrums entfliehen wollen, um noch kaum entdeckte Plätze am Golf von Gökova kennen zu lernen. Länge der Tour: ca. 150 km

Sie starten in Bodrum *(S. 67)* und fahren nach Norden über die Hauptstraße nach Milas *(S. 75)*. Kurz vor Milas zweigt rechts eine kleinere, ebenfalls gut befahrbare Straße nach Ören ab. Bevor Sie sich dorthin aufmachen, werfen Sie noch einen Blick auf die teilweise gut erhaltene Altstadt von Milas, wo die Ulu Camii aus früher osmanischer Zeit einen Besuch wert ist. Hinter Milas in Richtung Ören zeigt sich bereits nach wenigen Kilometern in Becin eine sehenswerte seldschukische Burgruine. Die 40 km von Milas bis Ören führen durch eine wunderschöne Pinien-

Bild: Kalksteinterrassen in Pamukkale

AUSFLÜGE & TOUREN

waldlandschaft, in der sich plötzlich tiefe Krater auftun: In der Gegend wird Braunkohle abgebaut, und mitten im Wald taucht deshalb bald das große Kemerköy-Kraftwerk auf. Ören, das erste Ziel am Golf von Gökova, ist ein größeres Dorf, an dessen Rand die antike Stätte Keramos liegt, von der jedoch nur noch wenig zu sehen ist. Der Ort kocht in der Hochsaison vor Hitze, lädt aber im Frühling und Herbst zu einem Aufenthalt ein.

Von Ören aus geht es jetzt wieder ein paar Kilometer zurück, vorbei an der Abzweigung nach Milas in westlicher Richtung am Ufer des Golfes entlang. Kaum sind die letzten Gebäude des Kraftwerks passiert, glaubt man sich wieder in eine unberührte Natur versetzt. Der Wald reicht bis an den Strand, kleine, kieselbedeckte Buchten locken zu einem Bad, und weit und breit ist kein Mensch mehr in Sicht. Nach knapp 20 km erreichen Sie das im Wald versteckte Çökertme. Zum Dorf gehört eine große, bewaldete Bucht mit einem schönen Strand und einigen Pensionen und Restaurants. Am Strand flattern die Fahnen von Yachtcharter-Unternehmen, die hier einen Stützpunkt für ihre Boote eingerichtet haben. Im Insider Tipp Piratenlokal *Rose Mary* (Tel. 0252/ 531 01 58 | €€) können Sie ausgezeichnet essen. Von der Badebucht in Çökertme führt die Straße dann zunächst vom Wasser weg hoch in den Wald hinein zum Dorf Gökbel. Danach wird die Straße zusehends schlechter – doch gerade, wenn Sie glauben, sich verfahren zu haben, taucht ein neues Dorf auf, und Sie sind in Yukarı-Mazı, dem Oberen Mazı. Hier treffen Sie auf eine größere Straße, die rechts nach Bodrum, nach links aber zum Hauptort Mazı *(S. 75)* führt. Mazı ist ein malerisches Dorf mit phantastischem Blick auf den blauen Golf. Nach ein paar weiteren Kilometern in Serpentinen über eine neu asphaltierte Straße erreichen Sie den Strand. Hier gibt es zwar zwei kleine Pensionen, einen Campingplatz und ein Restaurant, aber der Tourismus hat den kilometerlangen, sauberen Kieselstrand noch nicht wirklich erreicht.

Später kehren Sie dann auf der anfangs mit Schlaglöchern übersäten Straße über Karaova und Güvercinlik nach Bodrum zurück. Ortsschilder können in der Türkei übrigens „ausfallen" – fragen Sie einfach nach dem Weg, man wird Ihnen sicher helfen.

Der Welt entrückt: Bucht im Golf von Gökova

> www.marcopolo.de/tuerkei-westkueste

AUSFLÜGE & TOUREN

2 REISE ZUM WEISSEN SCHLOSS

Die Tour zu den Sinterterrassen von Pamukkale dauert zwei Tage (rund 500 km). Sie können den Ausflug auch mit öffentlichen Verkehrsmitteln – Überlandbus nach Denizli und Sammeltaxi nach Pamukkale – unternehmen.

Die Tour beginnt in Kuşadası *(S. 79)*. Von hier geht es zunächst in Richtung Süden nach Söke und von dort über die 525 via Germencik zur Hauptstraße E 87 nach Aydın, wo Sie die sehenswerte Altstadt besuchen können. Weiter den Hügel hinauf liegen die nur wenig bekannten Ausgrabungen von *Tralleis*. **Insider Tipp** Zu römischen Zeiten war hier eine große Garnison.

Weiter geht es von Aydın nach Nazilli [125 D1] nach Osten. Etwa 10 km hinter Nazilli zweigt eine Straße nach rechts ab, die Sie zu den Ruinen von Aphrodisias *(Di–So 8–19 Uhr, außerhalb der Saison bis 17 Uhr | Eintritt ca. 4,50 Euro)* führt, eines der eindruckvollsten Ruinenfelder der Türkei. Auf einer Hochebene gelegen, mit Blick auf den 2300 m hohen Babadağ, finden sich hier gut erhaltene Reste aus griechischer und römischer Zeit. Die Blütezeit Aphrodisias' fiel in die römische Kaiserzeit, als die Stadt eine berühmte Bildhauerschule hervorbrachte. Im Museum gleich neben dem Parkplatz befindet sich eine beeindruckende Sammlung diverser Götterstatuen. Besonders interessant ist das Stadion, das vor gut 2000 Jahren fast 30 000 Besuchern Platz bot als das am besten erhaltene Stadion der Antike gilt. Im Zentrum der Anlage steht der frühere Tempel für die Liebesgöttin Aphrodite, der allerdings in byzantinischer Zeit in eine Kirche umgewandelt wurde.

Nach einem Rundgang durch Aphrodisias geht es weiter über Tavas über eine schöne Hochebene nach Denizli [125 F2] und von dort zu der zweiten großen antiken Stadt im Mäandertal, nach Hierapolis, heute besser bekannt als Pamukkale [125 F1] was übersetzt Baumwollschloss heißt. Die fast 100 m hohen Sinterterassen sind das Ergebnis von rund 8000 Jahre alten Kalkablagerungen einer heißen Quelle. Bis in die 1990er-Jahre tummelten sich täglich Tausende von Besuchern in den Terrassen, die dadurch immer grauer wurden. Seitdem ist der Zugang verboten. Drei große Hotelanlagen oberhalb der Terrassen wurden abgerissen, damit das Wasser aus der Quelle wieder ungehindert fließen kann. Unter Aufsicht der Parkwächter können Sie heute barfuß in einigen Becken planschen. Die antike Stadt Hierapolis war in der zweiten Hälfte des 2. Jhs. v. Chr. bereits eine Kur- und Kultstadt. Außer den Thermen und dem Theater, das von Bildhauern aus Aphrodisias geschmückt wurde, ist vor allem die Nekropole, der antike Friedhof, sehenswert – einer der größten und besterhaltenen der Antike.

Für die Besichtigung von Pamukkale sollten Sie sich ruhig einen Tag Zeit nehmen. Übernachten und im Thermalwasser baden können Sie im zentral gelegenen Koray Hotel *(53 Zi. | Tel. 0258/272 22 22 | Fax 272 20 95 | www.korayhotel.com | €€)*. Zurück geht es über die E 87 über Aydın nach Kuşadası. Die Strecke ist gut ausgebaut und kann in drei bis vier Stunden zurückgelegt werden.

EIN TAG IN IZMIR
Action pur und einmalige Erlebnisse.
Gehen Sie auf Tour mit unseren Szene-Scouts

FRÜHSTÜCK MIT AUSSICHT

9:00

Beim Frühstück im *Otuzbeş* kann man sich kaum entscheiden, ob nun der Blick nach draußen aufs Meer wandern oder doch lieber an den Kunstwerken an den Wänden verweilen soll. Schwere Entscheidung, aber bei einem typisch türkischen Mokka und einem würzigem Omelette, wird man seine Wahl treffen. **WO?** *Mithat Paşa Cad. Nr. 79, Güzelbahçe | Tel.: 0232/234 65 39 | www.otuzbescafe.com*

9:45 ### ABHEBEN AM JUWELENSTRAND!

Kitesurfmeister Kaan Uysal zeigt Anfängern die Kunst des Drachensurfen und verrät Profis seine Tricks. Volle zwei Stunden lang heißt es Action pur und gute Laune, wenn man das erste Mal über die glitzernden Wellen gleitet. Sonne, Wind und Salzwasser – wer einmal den Drachen in der Hand hatte, wird schwer begeistert sein. Vorsicht Suchtpotenzial! **WO?** *Ciftlikköy, Pirlanta Beach | Tel.: 0506/760 35 55 | Kosten: ca 50-70 Euro | www.kitesurfbeach.com*

FRISCH & LECKER

11:00

Das *Lavanta* in Alaçati ist ein ganz spezieller Ort: Hier kann man seine Kraftreserven mit tollem Essen wieder auffüllen, das man selbst zubereitet hat. Während dem Kochkurs lernt man, wie man das Leckerste, das die türkische Küste zu bieten hat, auf die Teller zaubert. Natürlich legen die Köche Wert auf frische Zutaten und Liebe zum Detail. **WO?** *Kemalpasa Cad. Nr. 103, Alaçati | Tel.: 0232/716 97 91 | Kosten: 50 Euro | www.atolyelavanta.com*

15:00 ### SPORT IM SAND

Baggern, pritschen, blocken! Jetzt heißt es Schuhe aus und Badesachen an: In Ilica lädt der weiße Sandstrand zum Volleyballspielen ein. Einfach einem der Teams, die schon an den vier Volleyballnetzen zugange sind, anschließen und zeigen, was in einem steckt. **WO?** *Ilica Beach, Çeşme*

24 h

DO IT YOURSELF
17:00
Ab in die *Artura Gallery*. In einer kleinen Steinhöhle gibt Ugur Caliskan einen Kurs in traditionellem Kunsthandwerk. Das Arbeitsmaterial? Leder! Armbänder, kleine Anhänger für die Halskette oder auch traditionelle Masken – der eigenen Kreativität sind keine Grenzen gesetzt. **WO?** *Kemal Pasa Cad. Nr. 100 Alacati/Izmir | Mai -Sept. | Anmeldung unter Tel.: 0536/710 15 23 | Kosten: 100 Euro inklusive Material*

19:00
SCHLAMMPACKUNG
Bevor am Abend nochmal richtig aufgedreht wird, steht Entspannung auf dem Programm. Im *Botanica Thermal Spa* des *Sheraton Çeşme* wird man nach Strich und Faden verwöhnt. Typisch für die Region ist der Marine Mud Wrap. Der Meerschlamm von der nahen Küste mit Spurenelementen und Mineralien entgiftet und kurbelt den Kreislauf an. **WO?** *Sifne Cad. 35, Ilica-Çeşme | Tel.: 0232/723 12 40 | Kosten: ca 15 Euro | www.sheratoncesme.com*

URIGES DINNER
21:00
Einfach, aber genial! Im Restaurant *Aciktim* wird regionales Essen serviert, das den Gaumen in Verzückung versetzt. Nach Tomatensuppe, Hühnchen, Reis, Tzatziki und Brot unbedingt noch den leckeren Nachtisch probieren: *Sütlac*, ein flüssiger Milchreis mit viel Zucker und einer Prise Zimt. Davon kann man nicht genug bekommen! **WO?** *Suvari Caddesi Nr 56*

23:00
IN FEIERLAUNE
Der Tag ist noch lange nicht vorbei, denn jetzt beginnt die Party! Im *Babylon* erst einen Drink an der Bar bestellen und dann die Tanzfläche stürmen. Highlight des Clubs sind die Auftritte von Fusion-Musikern wie den *Brooklyn Funk Essentials* mit dem Klarinettenspieler Hüsnü Senlendirici! **WO?** *Çark Plaji, Liman Mevkii, Alaçatı-Çeşme | Kosten: ca. 20 Euro*

> UNTER WASSER, ÜBER WASSER UND AM WASSER

Wandern im Norden, segeln, surfen und tauchen im Süden – vielfältige Ägäisküste für Aktive

> **Was einen Aktivurlaub angeht, unterscheidet sich die Nördliche Ägäis von dem südlichen Abschnitt.**

Im Norden kann man schön schnorcheln, wandern und Rad fahren. Die Temperaturen sind nicht so hoch wie im Süden, und der Wind sorgt immer für Erfrischung. Ab İzmir wird es vom Juni bis in den Oktober hinein so heiß, dass hier fast nur Wassersportarten angesagt sind. Es gibt in größeren Ferienorten viele Veranstalter, die Tauchkurse, Trekkingtouren oder Jeepsafaris in die Berge organisieren. Große Hotels und Feriendörfer bieten von Tennis bis hin zu Stoffmalerei vielerlei Aktivitäten an und besitzen meist ein Fitnessstudio.

■ JEEPSAFARIS

Immer mehr Agenturen bieten ein- oder mehrtägige Touren mit dem Landrover ins Hinterland der Urlaubszentren an. *Adventure Tours* or-

Bild: Unterwasserwelt bei Marmaris

SPORT & AKTIVITÄTEN

ganisiert Jeepsafaris in Marmaris. Dabei wird u. a. auf den 800 m hohen Palamut-Berg gefahren, von wo aus man einen wunderschönen Blick auf den ganzen Golf hat. *Buchung über die Zentrale: Şeftali Sok. 12/C | Sultanahmet | İstanbul | 0212/520 87 20 | Fax 526 61 95 | www.adventuretours.com.tr | Tagestour pro Person 35–45 Euro.* Auch Touren von Bodrum aus in die Buchten und Berge sind ein Erlebnis. *Highland Jeep Adventures | Tel. 0252/316 89 24 | Fax 316 30 59 | Tagestour ca. 50 Euro*

■ KAYAKTOUREN

Sehr in: einzeln oder zu zweit in einem Kayak an der Küste entlangpaddeln. Die schönsten Touren können Sie im und um den Gökova-Golf bei Marmaris machen, z.B. in dem Bach ==Kadın Azmağı==. Zwischen den Buchten Akyaka und Çınar gibt es tolle Strände und ebenfalls kleine, kühle

Insider Tipp

Bäche. Bei Tagestouren zum Kleopatra-Strand auf der Insel Sedir Adası begegnet man mit Glück neben Meeresschildkröten sogar Delphinen. Die Preise variieren je nach Dauer zwischen 20 und 45 Euro pro Person. Es gibt auch einwöchige Touren von Datça nach Bozburun und zurück (245 Euro pro Person). *Alternatif Outdoor | Kenan Evren Bulvarı | Çamlık Sok. 10/1 | Marmaris | Tel. 0252/417 27 20 | Fax 417 39 52 | info@alternatifraft.com*

■ RAFTING

Der *Dalaman-Fluss* bei Marmaris gehört zu den besten Raftingstrecken Europas. Von April bis Oktober werden täglich mehrstündige Touren (40–45 Euro) und an den meisten Wochenenden Touren mit Übernachtung (90 Euro) veranstaltet. Die Veranstalter übernehmen den Transfer. Buchung vorab: *Buklamania | Yeniçarşı Cad. 28-11/12 | Galatasaray | Beyoğlu-İstanbul | Tel. 0212/245 06 35 | Fax 245 08 14 | mobil 0533/542 44 74 | www.bukla.com*

Buchung in Marmaris: *Alternatif Raft | Kenan Evren Blv. Çamlık Sok. 10/1 | Tel. 0252/417 27 20 | Fax 417 39 52 | www.alternatifraft.com; Ecoraft | Mustafa Muğlalı Cad. 84. Sok. 3/3 | Tel. 0252/411 08 78 | Fax 413 04 84 | www.ecoraft.com*

Buchung in Bodrum: *Alternatif Turizm | Tel. 0252/413 32 08 | alternatif@superonline.com*

■ SEGELN

Die Südägäis ist eines der beliebtesten Segelgebiete Europas. Mit Kuşadası, Bodrum und Marmaris gibt es drei große Stützpunkte, die jeden Service bieten. Vor allem die *Netsel Marina* in Marmaris ist eine der größten und professionellsten im östlichen Mittelmeer. In allen drei Marinas sind große westeuropäische Charterfirmen vertreten, aber auch kleine Vercharterer bieten hier ihre Boote, zumeist etwas preisgünstiger, an. Infos erhalten Sie über die türkischen Fremdenverkehrsämter oder beim *Deutschen Seglerverband (Gründgensstr. 18 | 22309 Hamburg | Tel. 040/630 60 54 | www.dsv.org).*

■ SURFEN

Sehr beliebt bei Surfern sind die Gümbet-Bucht auf der Bodrum-Halbinsel und der Golf von Gökova. Den Strand von ★ Alaçatı bei Çeşme vor İzmir taufte man mittlerweile in „Windsurf-Zentrum" um, es finden hier oft Wettbewerbe statt *(Alaçatı Yelken Kulübü | Windsurf Merkezi Mevkii | Alaçatı | İzmir | Tel. 0232/237 41 23 | Fax 237 28 95).*

Bei Bodrum, am Strand von Fener zwischen den Buchten Turgutreis und Akyarlar, ist es nicht überlaufen. *Fener Windsurf (beim Club Armonia | Fener Plajı | Bodrum | Tel. 0252/393 84 14 | mobil 0532/663 70 79 | Fax 393 85 66 | www.fenerwindsurf.com)* bietet Surf- und Segelkurse an. [Inside Tipp] Im Golf von Gökova bei Marmaris ist die Bucht von Akyaka zum Surfen gut geeignet *(Gökova Yücelen Hotel | Tel. 0252/243 51 08 | Fax 243 54 35 | gokova@yucelen.com.tr, €€).* Bei Datça liegt das *Surf Holiday Village* mit Bungalows und Zelten. *Kızlan Köyü | Gebekum Mevkii | Tel. 0252/722 01 70 | Fax 722 01 74 | www.windsurfing-datca.com | mehmet@surf-holiday-village.com |* Surfen

> *www.marcopolo.de/tuerkei-westkueste*

SPORT & AKTIVITÄTEN

30 Euro/Tag, 140 Euro/Woche, Halbpension im Bungalow 25 Euro

▮▮TAUCHEN

Die ganze Ägäis ist ein sehr gutes Tauchrevier. Am Golf von Saros und an den Dardanellen liegen 216 Schiffswracks auf dem Meeresgrund. Die berühmtesten sind die Schlachtschiffe *Majestik, Lundy, Captain Franko* und *Irresistable* (in 16–61 m Tiefe). Der Golf von Saros hat herrliche Riffe und eine reiche Unterwasserfauna: *Neptun Diving Center mit gut ausgestattetem Boot, im Büyük Truva Hotel | Cevat Paşa Mah. | Mehmet Akif Ersoy Cad. 2 | Tel. 0286/217 10 24 | Fax 217 09 03 | CMAS, PADI*. Weiter südlich in Ayvalık bieten sich Inseln wie *Kız Adası* und die *Deli Mehmet Taşları* zum Tauchen an. *Körfez Diving Center | Atatürk Bulvarı | Özaral Pasajı 61/A 7 | Ayvalık | Tel./Fax 0266/312 49 96 | Fax 312 67 37 | kemalcal@superonline.com | www.korfezdiving.com*

Vor İzmir auf der Çeşme-Halbinsel befindet sich das *Aquarius Dive Center (Musalla Mah. Yalı Cad. 19 | Çeşme | Tel. 0232/712 10 50 | mobil 0532/271 17 47 Orhan Öner | Fax 712 12 80).* In Bodrum liegen die beliebtesten Tauchgründe wie die Inseln *Kargı* und *Orak (Crystal Diving Center | Cumhuriyet Cad. 108 | Bodrum | Tel./Fax 0252/313 42 79 | mobil 0532/313 92 70 | www.crystaltours.com)*. Um die Datça-Halbinsel herum trifft man auf Delphine, Muränen, Robben und auch Haie. *(Datça Diving Center | İskele | Datça | Tel./Fax 0252/712 37 59 | mobil 0542/564 45 55 | Nov.–April Tel. 0031/622 47 18 06 | info@datcadiving.com* | *8 Tauchgänge mit Theorieprüfung 250 Euro, 2 Tauchgänge 50 Euro).*

Gute Infos gibt *www.scubaturkiye.com*, auf der Website *www.divingturkey.com/yasak.html* finden Sie eine Liste der Sperrgebiete (beide auf Englisch).

Für Surfer ist die windige Ägäisküste das perfekte Reiseziel

> SPIELE ZWISCHEN ALTEN SÄULEN

Selbst antike Stätten können spannend sein für Kids – ganz abgesehen von Aquaparks, Ritterburgen oder einsamen Inseln

> Nirgendwo an der Türkischen Westküste werden Kinder als Störenfriede empfunden, zumal die türkische Bevölkerung überwiegend aus jungen Menschen besteht: 65 Prozent der Einwohner sind unter 30 Jahre alt, die Familien kinderreich. Feriendörfer haben immer Animateure, Miniclubs und Babysitter, die sich um die Kinder kümmern und den Eltern eine Atempause verschaffen. Aber auch in kleineren Anlagen werden Sie Ihre Kinder ab und zu dem Personal überlassen können. Im Fall einer Krankheit werden Sie überall einen Kinderarzt *(çocuk doktoru)* finden. Größere Hotels haben normalerweise einen Arzt, der täglich für einige Stunden vorbeischaut.

An der zerklüfteten Küste ist die natürliche Umgebung nicht immer kinderfreundlich: Das Meer ist oft nur von Felsen aus zugänglich, oder der Wind bläst wieder einmal zu stark. Sie sollten darauf achten, was

> *www.marcopolo.de/tuerkei-westkueste*

MIT KINDERN REISEN

der Nachwuchs isst – in der Hitze verderben Speisen rasch. Und bedenken Sie immer: In Swimmingpools und am Strand passt oft niemand als Sie selbst auf Ihr Kind auf!

Sightseeing in Ephesos mit Kids ist nicht so einfach. Aber Ihre Kinder werden es lieben, zwischen den antiken Säulen und Marmorstatuen Versteck zu spielen. Ein bisschen Phantasie und eine gute Sonnencreme sind hier gefragt. Und sonst gibt's ja noch Ritterburgen, Aquaparks oder Tagesausflüge zu einer Robbeninsel.

NÖRDLICHE ÄGÄIS

BURG VON ÇANDARLI [122 C1]

Die türkische Westküste ist voller Burgen: Von Çanakkale über Bodrum bis Marmaris können Sie überall mit Ihren Kindern in restaurierten, von Italienern, Johannitern oder Osmanen erbauten Kastellen herumklettern. Die *Burg von Çandarlı* im

Norden von İzmir gehört zu den besterhaltenen, obwohl sie im Vergleich zum Bodrumer Kastell klein ist. Genuesische Ritter bauten sie im 13. oder 14. Jh. *Eintritt frei*

TAHTAKUŞLAR [121 D4]

Das zwischen Edremit und Altınoluk gelegene Dorf wurde im 13. Jh. von Schamanen aus Zentralasien gegründet. Eine Wanderung auf 1764 m Höhe am *Berg Ida (Kazdağı)* – geeignet für nicht ganz so kleine Kinder – erfordert eine Jeep- oder Minibusfahrt vom Dorf aus. Dort gibt es Wasserfälle und kleine Seen. Am Dorfeingang befindet sich ein kleines *Volkskundemuseum (tgl. 9–18 Uhr | Eintritt 1,50 Euro). Tourveranstalter: Erinç Ersöz | Hotel Mare & Monte | İskele Mahallesi | Fatih Caddesi 13 | Altınoluk | Tel. 0266/396 17 30 | www.hotelmaremonte.com)*

İZMIR UND UMGEBUNG

ATALANI MANISA [123 D3]

Im *Spil-Nationalpark* bei Manisa im Hinterland von İzmir können Sie nicht nur einen Tagesausflug, sondern sogar mehrere Tage verbringen. Im Tal hat das Forstministerium Holzbungalows mit Kamin errichtet, die vor Ort angemietet werden können *(25 Bungalows | Tel. 0236/237 10 65 | kein Fax | €)*. Auf 1200 m Höhe gibt es das „Pferdereservat" *(Atalanı)*. Hier streifen Wildpferde durch die Landschaft, die im Winter verschneit ist. Von Manisas Stadtrand geht es wie ausgeschildert 27 km hoch auf den Spil-Berg. Es verkehren Minibusse hierher. *Eintritt Erwachsene 8 Euro, Schüler die Hälfte, Kinder bis 7 Jahre frei*

KÜLTÜRPARK İZMIR [123 D3]

Im Herzen der Großstadt liegt der große Kulturpark, wo Kinder viel Spaß haben: Es gibt einen Rummelplatz und Tretboote, mit denen man auf dem großen künstlichen See herumfahren kann. *Eintritt frei (außer während der Internationalen Messe 26. Aug.–10. Sept.), İzmir Merkez*

ORAK UND INCIR [122 B2]

Von dem im Norden von İzmir gelegenen Ort Foça aus können Sie einen Tagesausflug zu den vorgelagerten Inseln unternehmen. Auf der *Orak-Insel*, einem Naturreservat für Mönchsrobben, kann man diese vom Aussterben bedrohten Tiere beobachten. Auf der *Incir-Insel* gibt es Reste einer antiken Siedlung mit Grabkammern, in Fels geschnitzten Altären und abenteuerlichen Höhlen. Vom Hafen in Foça fahren die Ausflugsboote morgens ab, Rundfahrt ca. 6 Stunden (ca. 10 Euro)

Insider Tipp

SÜDLICHE ÄGÄIS

AQUALAND KUŞADASI [124 A1]

Auch in Kuşadası gibt es einen schönen Wasserpark. Bei der Ortseinfahrt, hinter dem Tusan-Hotel liegt das Aqualand, das 24 Stunden geöffnet ist. Neben üblichen Attraktionen auch Wasserscooter. *Eintritt Erwachsene und Kinder ab 9 Jahren 20 Euro, Kinder bis 8 Jahre 12 Euro*

AQUAPARK DEDEMAN BODRUM [124 A4]

Im größten Aquapark der Türkei gibt es auf 40 000 m^2 unzählige Rutschen und Pools, Fastfoodrestaurants, Animation und sogar abendliche Partys. *Tgl. 9–24 Uhr | Turgutreis Yolu | Yalıkavak Kavşağı | Tel. 0252/*

> *www.marcopolo.de/tuerkei-westkueste*

MIT KINDERN REISEN

358 59 49 | Fax 358 61 99 | www.depark.com.tr | Eintritt Erwachsene sowie Kinder ab 9 Jahren 20 Euro, Kinder bis 8 Jahre 12 Euro

BÖRDÜBET [124 C5]

Ein verstecktes Paradies ist die tiefe Bucht von Bördübet bei Marmaris. Von Bergtauben bis zu Nachtigallen und Falken leben hier Hunderte von Vogelarten, aber auch Füchse und Wildschweine. Sehr kinderfreundlich ist der *Club Amazon (14 Bungalows | Bördübet Koyu | PK 45 | Marmaris-Muğla | Tel. 0252/436 91 11 | Fax 436 91 60 | www.klupamazon.com | €)*, ein Campingplatz mit Swimmingpool, Kanu- und Paddelbooten für die Kleinen. *Straße Marmaris–Datça, nach 29 km bei Balıkaşıran rechts, nach weiteren 9 km Schotterstraße kommt man ans Meer*

HAYITBÜKÜ-BUCHT [124 A6]

Insider Tipp

Bei Knidos auf der Datça-Halbinsel (auch Reşadiye-Halbinsel) liegt diese malerische Bucht, die sich für Kleinkinder sehr gut zum Baden eignet, denn das Wasser ist nicht tief. Man kann sich wunderbar in der *Pension Serenity (9 Zi. | 0252/728 02 45 | kein Fax | www.serenitypansiyon.com | €€)* einquartieren. *18 km westlich von Datça, 80 km von Marmaris, Minibus von Datça Garaj*

LOKOMOTIVENMUSEUM [124 A1]

Im Süden von İzmir befindet sich dieses schöne Open-Air-Museum: ausgediente, aufpolierte Dampfloks und diverse alte Bahnwaggons aus den vergangenen 90 Jahren. *Tgl. 10–18 Uhr | Eintritt frei | von Kuşadası aus nach Çamlık, das Museum ist im Ort ausgeschildert*

Antike für die ganze Familie: vor dem Artemis-Tempel in Sardes

> VON ANREISE BIS ZOLL

Urlaub von Anfang bis Ende: die wichtigsten Adressen und Informationen für Ihre Reise an die türkische Westküste

ANREISE

FLUGZEUG
Die meisten Besucher aus Deutschland, Österreich oder der Schweiz kommen per Flugzeug in die Türkei. Turkish Airlines und andere Gesellschaften fliegen in der Saison die Flughäfen von Edremit, İzmir, Bodrum und Dalaman (bei Marmaris) an. Linienflüge kosten 400 bis 800 Euro, Charterflüge je nach Saison 350–600 Euro. *www.lufthansa.de, www.thy.com.tr, www.germanwings.com, www.sunexpress.de, www.onur-air.de*

AUTO
Für eine Fahrt mit dem Auto erkundigen Sie sich am besten beim ADAC. Seit dem Ende der Balkankriege kann man zwar die Strecke über Kroatien und Serbien wieder benutzen, es kann aber sinnvoller sein, über Ungarn und Rumänien zu fahren. Von Frankfurt bis İstanbul sind es rund 2000 km.

BAHN
Mit der Bahn reisen Sie via Wien nach İstanbul. Diese Fahrt ist aber nur überzeugten Bahnfahrern zu empfehlen, denn sie dauert 40 Stunden und kostet außerdem mehr als ein Charterflug.

SCHIFF
Angenehmer ist die Fahrt mit dem Schiff von Venedig oder Brindisi aus.

> WWW.MARCOPOLO.DE
Ihr Reise- und Freizeitportal im Internet!

> Aktuelle multimediale Informationen, Insider-Tipps und Angebote zu Zielen weltweit ... und für Ihre Stadt zu Hause!

> Interaktive Karten mit eingezeichneten Sehenswürdigkeiten, Hotels, Restaurants etc.

> Inspirierende Bilder, Videos, Reportagen

> Kostenloser 14-täglicher MARCO POLO Podcast: Hören Sie sich in ferne Länder und quirlige Metropolen!

> Gewinnspiele mit attraktiven Preisen

> Bewertungen, Tipps und Beiträge von Reisenden in der lebhaften MARCO POLO Community: *Jetzt mitmachen und kostenlos registrieren!*

> Praktische Services wie Routenplaner, Währungsrechner etc.

Abonnieren Sie den kostenlosen MARCO POLO Newsletter ... wir informieren Sie 14-täglich über Neuigkeiten auf marcopolo.de!

Reinklicken und wegträumen!
www.marcopolo.de

> MARCO POLO speziell für Ihr Handy! Zahlreiche Informationen aus den Reiseführern, Stadtpläne mit 100 000 eingezeichneten Zielen, Routenplaner und vieles mehr.
mobile.marcopolo.de (auf dem Handy)
www.marcopolo.de/mobile (Demo und weitere Infos auf der Website)

PRAKTISCHE HINWEISE

Die Fahrt Venedig–İzmir dauert zweieinhalb Tage und kostet mit dem Auto rund 500 Euro. Von Brindisi fährt man eineinhalb Tage nach Çeşme für knapp 400 Euro.

AUSKUNFT

TÜRKISCHES FREMDENVERKEHRS- UND INFORMATIONSAMT

– *Baseler Str. 37 | 60329 Frankfurt am Main | Tel. 069/23 30 81 und 23 30 82 | Fax 23 27 51| www.reiseinfo-tuerkei.de*

– *Singerstr. 2 | 1010 Wien | Tel. 01/512 21 28 | Fax 513 83 26 | www.turkinfo.at*

– *Stockerstrasse 55 | 8002 Zürich | Tel. 01/221 08 10 | Fax 212 17 49 | www.tuerkei-info.ch*

AUTO

Für die Einreise mit dem Auto benötigen Sie außer Ihrem Führerschein den Fahrzeugschein und eine grüne Versicherungskarte. Bei der Einreise wird das Auto im Pass eingetragen – achten Sie bei der Ausreise darauf, dass es wieder ausgetragen wird.

Zulässige Höchstgeschwindigkeit: in Ortschaften 50 km/h, außerhalb 90 km/h, auf Autobahnen 120 km/h. Die Promillegrenze ist 0. Informationen und Karten gibt es beim *Türkischen Touring- und Automobilclub, TTOK | Tel. 0212/282 81 40 | Fax 282 80 42*

ADAC-Notruf in İstanbul: *0212/288 71 90 und 288 71 91*

BANKEN & GELD

Öffnungszeiten der Banken: 9–12 und 13–17 Uhr. Fast alle Banken haben rund um die Uhr geöffnete Geldautomaten, an denen Sie mit Ihrer Maestro- oder Kreditkarte Geld ziehen können (bis zu 1000 YTL = ca. 550 Euro am Tag). Wenn Sie Bargeld tauschen wollen, gehen Sie zu einem Devisenbüro *(döviz bürosu)*, dort bekommen Sie einen besseren Kurs als bei der Bank.

Die Hotels, Restaurants und Läden in den größeren Orten akzeptieren normalerweise Kreditkarten (Mastercard, Visa), und auch mit Maestro-Karten können Sie vielerorts einkaufen. In kleineren oder abgelegenen Ortschaften empfiehlt es sich, genug Bargeld mitzuführen. Eurocheques werden nicht mehr angenommen.

BUS

Das übliche Reisegefährt in der Türkei ist der Bus. Jede Stadt hat ihren Busterminal *(otogar)*, und Busse fahren praktisch in jeden Winkel des Landes. Um das Unfallrisiko zu minimieren, empfiehlt es sich, Reisebusse der renommierten Unternehmen *Ulusoy (Tel. 444 18 88/24 Std. | www.ulusoy.com.tr)* oder *Varan (Tel. 444 89 99/24 Std. | www.varan.com.tr)* zu benutzen.

CAMPING

Campingplätze sind zwar nicht sehr verbreitet, liegen aber mancherorts paradiesisch und sind meistens gut gepflegt (gewöhnlich April/Mai bis Ende Okt. geöffnet). Manche haben Bungalows, Mietzelte und Privatstrände. Viele Anlagen sind beim Ministerium für Tourismus eingetragen (Verzeichnis in allen türkischen Fremdenverkehrsbüros oder beim *Zelt- und Wohnwagenverband | Türkiye Kamp ve Karavan Derneği | Nenehatun Cad. 96 | Gaziosmanpaşa-Ankara | Tel. 0312/266 48 64 | Fax 266 45 65 | www.kampkaravan.org*).

DIPLOMATISCHE VERTRETUNGEN

DEUTSCHES GENERALKONSULAT İZMIR
Atatürk Caddesi 260 | Konak | Tel. 0232/488 88 88 | Fax 463 79 90 | www.izmir.diplo.de | germanconizmir@superonline.com

ÖSTERREICHISCHES HONORARKONSULAT İZMIR
Erboy İş Hanı | Gaziosmanpaşa Bulvarı/Şehit Fethi Cad. 41 | 7. Stock | Tel. 0232/425 45 64 | Fax 484 81 27 | mmerboy@efes.net.tr

SCHWEIZER HONORARKONSULAT İZMIR
1380 Sokak | Alyans Apt. B Blok Kat 3 | Daire 6 | Alsancak | Tel. 0232/ 421 42 39 | Fax 422 02 59 | yuce@ge diknet.com, egev@efes.net.tr

EINREISE

Deutsche und Schweizer benötigen für einen Aufenthalt in der Türkei unter drei Monaten lediglich einen Pass oder einen Personalausweis. Österreicher müssen bei der Einreise ein Visum erwerben.

FOTOGRAFIEREN

Das Ablichten von Militär oder militärischen Einrichtungen ist verboten. Lieber keine verschleierten Frauen fotografieren! Sonst lassen sich die meisten Menschen gern porträtieren. Filme sind teurer als in Deutschland, dafür ist die Entwicklung billiger. Digitalkamera-Batterien sind in Fotoläden erhältlich, auch Ladegeräte. Speicherchips sollte man von zu Hause mitbringen.

GESUNDHEIT

In den staatlichen Krankenhäusern werden Sie mit einem für die Türkei ausgestellten Auslandskrankenschein kostenlos behandelt. Privatkliniken sind meistens besser ausgestattet, aber die Rechnungen werden in Deutschland eingeschränkt erstattet, wenn Sie keine Reiseversicherung abgeschlossen haben.

Das Leitungswasser in der Türkei, vor allem in den Großstädten, eignet sich nicht zum Trinken.

INTERNET

Von den Internetprovidern in der Türkei ist *Superonline (www.super online.com)* der größte und beste. Erkundigen Sie sich bei Ihrem Provider, ob Sie in der Türkei ins Netz

WÄHRUNGSRECHNER

€	TRY	TRY	€
1	2,10	1	0,50
2	4,20	5	2,30
5	10,70	10	4,70
10	21,40	25	11,70
25	53,50	30	14,00
30	64,00	50	23,00
50	107,00	70	33,00
70	150,00	100	47,00
100	214,00	250	117,00

PRAKTISCHE HINWEISE

kommen. Fast alle Hotels haben mittlerweile WLAN- Internetanschluss.

Die Website des Kulturministeriums umfasst alle wichtigen Informationen auf Deutsch: www.kultur.gov.tr. www.ratgeber-tuerkei.de hat viele gute Links, und nützlich ist auch www.tuerkei-kultur-info.de. Eine sehr gute Hotelsuchmaschine ist www.hotelguide.com.tr.

Über einzelne Regionen geben Auskunft: www.ayvalik.biz, http://assos.de, www.uni-tuebingen.de (Pergamon), www.troia.de, www.ephesusguide.com, www.marmaris-online.com, www.marmarisinfo.com, www.bodrum-bodrum.com, www.bodrum-info.org und www.datcainfo.com.

Eine sehr informative Website zur Blauen Reise ist www.gulet.net. Über Fährverbindungen informiert http://aegeantourtravel.com/ferries/domestic.html, über Verbindungen zwischen der türkischen Küste und den griechischen Inseln www.traveltoturkiye.com/ferry.htm.

INTERNETCAFÉS

Internetcafés muss man mittlerweile nicht merh suchen, es gibt sie in jeder Stadt der Türkei. Surfen kostet ca. 1,50 Euro pro Stunde.

Ayvalık: Abis Internet Café | Atatürk Cad. Nazar Pasajı 23/4-14 | Tel. 0266/312 97 16 | ayvalikl@superonline.com

Bodrum: bonetel e-b@secafe | Ataturk Cad. 5/a | Tel. 0252/316 69 50 | aryacom@hotmail.com

Çanakkale: Anzac House Hostel | Cumhuriyet Meydanı 61 | Tel. 0286/213 59 69 | hasslefree@anzachouse.com

Foça: ch@t k@pi/internet café | Fevzi Paşa Mah. 212 Sok. 12 | Tel. 0232/812 77 71 | tutor61@hotmail.com

İzmir: Karşıyaka Internet Café | Girne Bulvarı 8/A | Karşıyaka | Tel. 0232/369 45 00 | internetcafe@superonline.com

Marmaris: Marmaris Internet Café | Köylü Pazarı Karşısı (gegenüber dem Markt am Hafen) | Yat Limanı | Tel. 0252/413 72 37 | cafe@marmariscafe.com.tr

WAS KOSTET WIE VIEL?

> **KAFFEE** 2 EURO
> für eine Tasse Nescafé

> **TEE** 75 CENT
> für eine Tasse

> **DÖNER** 1,50 EURO
> am Imbissstand

> **WASSER** 75 CENT
> für eine große Flasche Mineralwasser (1,5 l)

> **BENZIN** 2 EURO
> für 1 l Super

> **SIMIT** 40 CENT
> für einen Sesamkringel

KLIMA

Die Hochsaison dauert von Mai bis Oktober, man kann aber auch im November und Dezember oft noch baden. Im Juli und im August ist es sehr heiß – sorgen Sie für Mückenschutz.

MIETWAGEN

Hertz, Avis, Europcar und Budget sind in der Türkei vertreten. Ein

Mietwagen kostet durchaus ab 50 Euro aufwärts (inklusive Vollkasko und aller Kilometer). Man kann aber auch vor Ort nach einem preiswerten kleinen Anbieter schauen. Am besten sucht man in den Kleinanzeigen der Tageszeitungen wie „Hürriyet" oder „Star" (Rubrik *Kiralık Oto*).

NOTRUF

Polizei: *155,* Feuerwehr: *110,* Notarzt: *112,* Küstenwache: *158*

POST

Wenn Sie eine Post suchen, dann achten Sie auf den Hinweis *Ptt*. Die Ämter sind normalerweise von 8 bis 12 und 13 bis 17 Uhr, Hauptpostämter aber oft bis in die Nacht geöffnet. Postkarten ins deutschsprachige Ausland kosten 50 Cent, Briefe ca. 80 Cent und Pakete je nach Gewicht ab ca. 3 Euro aufwärts.

PREISE & WÄHRUNG

In Umlauf sind Lira- Scheine zu 100, 50, 20, 10 und 5 TL und Münzen zu 1 TL (Achtung, sieht der 2-Euro-Münze sehr ähnlich!) sowie 50, 25, 10 und 5 Kurus.

SAMMELTAXI

Preiswert und vergnüglich sind Fahrten mit dem *dolmuş* (sprich: Dolmusch). Das sind Sammeltaxis oder Kleinbusse, die feste Strecken fahren und an jeder beliebigen Stelle halten, um Mitfahrer ein- und aussteigen zu lassen.

SICHERHEIT

Nach mehreren Bombenanschlägen in Istanbul und an der Mittelmeerküste riet bei Redaktionsschluss das Auswärtige Amt Türkeireisenden zu besonderer Vorsicht. Bitte beachten Sie die aktuellen Hinweise unter *www.auswaertiges-amt.de*.

WETTER IN İZMIR

	Jan.	Feb.	März	April	Mai	Juni	Juli	Aug.	Sept.	Okt.	Nov.	Dez.
Tagestemperaturen in °C	12	14	16	21	26	30	33	33	29	24	19	14
Nachttemperaturen in °C	5	5	6	10	14	18	21	21	17	14	10	7
Sonnenschein Std./Tag	4	6	6	8	10	12	13	12	10	8	6	4
Niederschlag Tage/Monat	12	9	7	6	4	1	0	0	1	4	6	11
Wassertemperaturen in °C	15	13	14	15	18	21	23	23	22	20	17	16

PRAKTISCHE HINWEISE

STROM
Netzspannung 220 Volt Wechselstrom. Stecker sind mit denen in Deutschland/Österreich identisch.

TAXI
Taxifahrten sind ca. um ein Drittel preisgünstiger als in Deutschland. Bestehen Sie trotzdem darauf, dass das Taxameter eingeschaltet ist. Tagsüber erscheint *gündüz,* nach 24 bis 6 Uhr *gece.* Der Nachttarif ist 30 Prozent teurer.

TELEFON & HANDY
An allen größeren Plätzen und Postämtern stehen die türkisfarbenen Telefonzellen der Türk Telekom. Man braucht dafür Telefonkarten (bei allen Postämtern und vielen Kiosken erhältlich). Handys sind in der Türkei sehr gebräuchlich, und das Handynetz ist gut ausgebaut. Deutsche Handys funktionieren, aber das Telefonieren damit ist teuer. Es empfiehlt sich, in der Türkei eine so genannte *Hazır Card* zu kaufen – damit haben Sie eine bestimmte Anzahl Einheiten *(kontör).* Vor allem können Sie damit angerufen werden, ohne selbst zahlen zu müssen; Ihr Handy hat in dieser Zeit eine andere Nummer.

Vorwahl Deutschland: *0049,* Österreich: *0043,* Schweiz: *0041;* Vorwahl Türkei: *0090*

TRINKGELD
In Hotels und Restaurants sind Trinkgelder von 10 Prozent üblich, bei Taxifahrten dagegen eher nicht.

ZEITUNTERSCHIED
Die Türkei ist der Mitteleuropäischen Zeit (MEZ) um eine Stunde voraus. Das gilt auch in der Sommerzeit, die gleichzeitig mit der in Deutschland beginnt und endet.

ZOLL
Ausländische und türkische Währung darf unbegrenzt eingeführt werden. Ein- und ausgeführt werden dürfen 200 Zigaretten und eine Flasche

Rauchzeichen aus der Wasserpfeife

Spirituosen. Für Haustiere genügt ein internationaler Impfschein. Für die Ausfuhr von Teppichen oder anderen Wertgegenständen bewahren Sie die Quittung auf.

Zollfreie Mengen in die EU bzw. in die Schweiz: 200 Zigaretten oder 50 Zigarren oder 250 g Tabak, 1 l Alkohol über und 2 l Alkohol unter 22 (Schweiz: 15) Prozent, 50 g Parfum und 250 g Eau de Toilette sowie Geschenkartikel und Souvenirs für 175 Euro (100 Franken). Frische Lebensmittel, vor allem Fleischprodukte, werden vom deutschen Zoll nicht akzeptiert.

Informationen im Internet: *www.zoll-d.de*, *www.ezv.admin.ch*, *www.bmf.gv.at/zoll*

> TÜRKÇE BILIYOR MUSUN?

„Sprichst du Türkisch?" Dieser Sprachführer hilft Ihnen, die wichtigsten Wörter und Sätze auf Türkisch zu sagen

Aussprache

ı	nur angedeutetes „e" wie in „bi**tt**en, dank**e**n", Bsp.: ırmak
c	wie in „**I**ngenieur", Bsp.: cam
ç	wie in „**Tsch**eche, deu**tsch**", Bsp.: çan
h	wie in „Ba**ch**, no**ch**", Bsp.: hamam
ğ	„Dehnungs-g", wird nicht ausgesprochen. Entspricht deutschem „Dehnungs-h" in „Zahn", Bsp.: yağmur
j	wie in „Gara**g**e, Lo**g**e", Bsp.: jilet
ş	wie in „**sch**ön, Ti**sch**", Bsp.: şeker
v	wie in „**W**asser, **V**ioline", Bsp.: vermek
y	wie in „**j**eder", Bsp.: yok
z	wie in „le**s**en, rei**s**en", Bsp.: deniz

■ AUF EINEN BLICK

Ja./Nein.	Evet./Hayır.
Bitte./Danke.	Lütfen./Teşekkür ederim.
Gern geschehen.	Rica ederim.
Entschuldigung!	Affedersiniz!/Özür dilerim.
Wie bitte?	Efendim?/Nasıl?
Ich verstehe Sie/dich nicht.	Sizi/Seni anlayamıyorum.
Ich spreche nur wenig …	Biraz … konuşuyorum.
Können Sie mir bitte helfen?	Lütfen bana yardım eder misiniz?
Ich möchte …	… istiyorum.
Das gefällt mir (nicht).	Bu hoşuma gidiyor (gitmiyor).
Haben Sie …?	Sizde … var mı?
Wie viel kostet es?	Bu kaça?
Wie viel Uhr ist es?	Saat kaç?

■ KENNENLERNEN

Guten Morgen!	Günaydın!
Guten Tag!	İyi günler!/Merhaba!
Guten Abend!	İyi akşamlar!
Hallo! Grüß dich!	Merhaba!/Selâm!
Wie ist Ihr Name, bitte?	İsminiz nedir?/Adınız nedir?
Mein Name ist …	İsmim …
Wie geht es Ihnen/dir?	Nasılsınız?/Nasılsın?
Danke. Und Ihnen/dir?	Teşekkür ederim. Siz nasılsınız?/Sen nasılsın?

> *www.marcopolo.de/tuerkei-westkueste*

SPRACHFÜHRER TÜRKISCH

Auf Wiedersehen!	Allaha ısmarladık!
Tschüss!	Eyvallah!/Hoşça kal!
Bis bald!	Yakında görüşmek üzere!
Bis morgen!	Yarın görüşmek üzere!

▎UNTERWEGS

AUSKUNFT

links/rechts	sol/sağ
geradeaus	doğru
nah/weit	yakın/uzak
Wie weit ist das?	Ne kadar uzaklıkta?
Ich möchte für zwei Tage … mieten.	İki günlüğüne … kiralamak istiyorum.
… einen Wagen …	… bir araba …
… ein Fahrrad …	… bir bisiklet …
Bitte, wo ist …	Affedersiniz, … nerede?
… der Hauptbahnhof?	… merkez istasyonu, ana gar …
… die U-Bahn?	… metro …
… der Flughafen?	… hava alanı/limanı …
Zum … Hotel.	… oteline.

PANNE

Ich habe eine Panne/einen Platten.	Bir arıza/patlak lastik var.
Würden Sie mir bitte einen Mechaniker/einen Abschleppwagen schicken?	Lütfen, bana bir tamirci/ bir çekme arabası gönderir misiniz?
Wo ist hier in der Nähe eine Werkstatt?	Yakında nerede bir tamirhane var?

TANKSTELLE

Wo ist bitte die nächste Tankstelle?	En yakın benzinci nerede acaba?
Ich möchte … Liter …	… litre istiyorum
… Normalbenzin.	… normal benzin.
… Super./… Diesel.	… süper./motorin.
… bleifrei/… verbleit.	… kurşunsuz/kurşunlu.
Voll tanken, bitte.	Doldurun/Ful, lütfen.

UNFALL

Hilfe!	İmdat!
Achtung!/Vorsicht!	Dikkat!

Rufen Sie bitte schnell …	Acele … çağırın, lütfen.
… einen Krankenwagen.	… ambülans …
… die Polizei.	… polisi …
… die Feuerwehr.	… itfaiyeyi …
Haben Sie Verbandszeug?	Sargı malzemeniz var mı?
Es war meine/Ihre Schuld.	Benim suçumdu./Sizin suçunuzdu.
Ich möchte den Schaden durch meine Versicherung regeln lassen.	Hasarı sigortam aracılığıyla düzelttirmek istiyorum.
Geben Sie mir bitte Ihren Namen und Ihre Anschrift.	Lütfen bana isim ve adresinizi verin.

ESSEN/UNTERHALTUNG

Wo gibt es hier …	Burada nerede … var?
… ein gutes Restaurant?	… iyi bir lokanta …
… ein typisches Restaurant?	… tipik bir lokanta …
Gibt es hier eine gemütliche Kneipe?	Burada rahat bir meyhane var mı?
Reservieren Sie uns bitte für heute Abend einen Tisch für vier Personen.	Bu akşama dört kişilik bir masa ayırın lütfen.
Auf Ihr Wohl!	Sağlığınıza!
Bezahlen, bitte.	Hesabı lütfen.
Hat es geschmeckt?	Hoşunuza gitti mi?
Das Essen war ausgezeichnet.	Yemek çok güzeldi.
Wo werden Bauchtänze aufgeführt?	Göbek dansı nerede gösteriliyor?

EINKAUFEN

Wo finde ich …	Nerede … bulabilirim?
… eine Apotheke?	… eczane …
… eine Bäckerei?	… fırın, ekmekçi …
… Fotoartikel?	… fotoğraf malzemesi …
… ein Kaufhaus?	… büyük mağaza, süpermarket …
… ein Lebensmittelgeschäft?	… bakkal, gıda satış mağazası …
… den Markt?	… pazar/çarşi …

ÜBERNACHTUNG

Können Sie mir bitte … empfehlen?	Bana … tavsiye edebilir misiniz, lütfen?
… ein gutes Hotel …	… iyi bir otel …
… eine Pension …	… bir pansiyon …
Haben Sie noch Zimmer frei?	Boş odanız var mı?
ein Einzelzimmer	tek kişilik bir oda

> *www.marcopolo.de/tuerkei-westkueste*

SPRACHFÜHRER

ein Zweibettzimmer	çift yataklı bir oda
mit Dusche/Bad	duşlu/banyolu
für eine Nacht	bir gecelik
für eine Woche	bir haftalık
Ich habe bei Ihnen ein Zimmer reserviert.	Ben bir oda ayırttım.
Was kostet das Zimmer mit …	Bu oda … kaça?
… Frühstück?	… kahvaltılı …
… Halbpension?	… akşam/öğlen yemekli (yarım pansiyon) …

PRAKTISCHE INFORMATIONEN

ARZT

Können Sie mir einen guten Arzt empfehlen?	Bana iyi bir doktor tavsiye edebilir misiniz?
Ich habe Kopfschmerzen.	Benim başım ağrıyor.
Ich habe Fieber.	Ateşim var.
Ich habe hier Schmerzen.	Buram ağrıyor.

BANK

Wo ist hier bitte eine Bank?	Nerede banka var?
Ich möchte … Euro (Schweizer Franken) in türkische Lira umwechseln.	Euro (Isviçre Frankı) karşılığında Türk Lirası istiyorum.

POST

Was kostet …	Bir … kaça gidiyor?
… ein Brief …	… mektup …
… eine Postkarte …	… posta kartı …
… nach Deutschland?	… Almanya'ya?

ZAHLEN

1	bir	13	on üç	50	elli
2	iki	14	on dört	60	altmış
3	üç	15	on beş	70	yetmiş
4	dört	16	on altı	80	seksen
5	beş	17	on yedi	90	doksan
6	altı	18	on sekiz	100	yüz
7	yedi	19	on dokuz	200	iki yüz
8	sekiz	20	yirmi	1000	bin
9	dokuz	21	yirmi bir	2000	iki bin
10	on	22	yirmi iki	10000	on bin
11	on bir	30	otuz	1/2	yarım
12	on iki	40	kırk	1/4	çeyrek

Thermal-Schwimmbad in Pamukkale

> UNTERWEGS AN DER TÜRKISCHEN WESTKÜSTE

Die Seiteneinteilung für den Reiseatlas finden Sie auf dem hinteren Umschlag dieses Reiseführers

REISE ATLAS

119

KARTENLEGENDE

18 — 26	Autobahn mit Anschlussstellen	Motorway with junctions
=====	Autobahn in Bau	Motorway under construction
I	Mautstelle	Toll station
O	Raststätte mit Übernachtung	Roadside restaurant and hotel
ⓘ	Raststätte	Roadside restaurant
ⓖ	Tankstelle	Filling-station
	Autobahnähnliche Schnellstraße mit Anschlussstelle	Dual carriage-way with motorway characteristics with junction
	Fernverkehrsstraße	Trunk road
	Durchgangsstraße	Thoroughfare
	Wichtige Hauptstraße	Important main road
	Hauptstraße	Main road
	Nebenstraße	Secondary road
	Eisenbahn	Railway
🚗	Autozug-Terminal	Car-loading terminal
	Zahnradbahn	Mountain railway
⊢o-o-o-o-o-⊣	Kabinenschwebebahn	Aerial cableway
....	Eisenbahnfähre	Railway ferry
🚗	Autofähre	Car ferry
- - - - -	Schifffahrtslinie	Shipping route
	Landschaftlich besonders schöne Strecke	Route with beautiful scenery
Alleenstr.	Touristenstraße	Tourist route
XI-V	Wintersperre	Closure in winter
xxxxxx	Straße für Kfz gesperrt	Road closed to motor traffic
8%	Bedeutende Steigungen	Important gradients
🚐	Für Wohnwagen nicht empfehlenswert	Not recommended for caravans
🚐	Für Wohnwagen gesperrt	Closed for caravans
✶ Wartenstein ✶ Umbalfälle	Sehenswert: Kultur - Natur	Of interest: culture - nature
～	Badestrand	Bathing beach
☼	Besonders schöner Ausblick	Important panoramic view
	Ausflüge & Touren	Excursions & Tours
	Nationalpark, Naturpark	National park, nature park
	Sperrgebiet	Prohibited area
♁	Kirche	Church
♁	Kloster	Monastery
♙	Schloss, Burg	Palace, castle
♃	Moschee	Mosque
♙ ♁ ♙	Ruinen	Ruins
⚑	Leuchtturm	Lighthouse
♙	Turm	Tower
∩	Höhle	Cave
∴	Ausgrabungsstätte	Archaeological excavation
▲	Jugendherberge	Youth hostel
⬟	Allein stehendes Hotel	Isolated hotel
⌂	Berghütte	Refuge
▲	Campingplatz	Camping site
✈	Flughafen	Airport
✈	Regionalflughafen	Regional airport
✈	Flugplatz	Airfield
	Staatsgrenze	National boundary
	Verwaltungsgrenze	Administrative boundary
⊖	Grenzkontrollstelle	Check-point
⊖	Grenzkontrollstelle mit Beschränkung	Check-point with restrictions
ANKARA	Hauptstadt	Capital
Giresun	Verwaltungssitz	Seat of the administration

FÜR IHRE NÄCHSTE REISE

gibt es folgende MARCO POLO Titel:

DEUTSCHLAND
- Allgäu
- Amrum/Föhr
- Bayerischer Wald
- Berlin
- Bodensee
- Chiemgau/Berchtesgadener Land
- Dresden/Sächsische Schweiz
- Düsseldorf
- Eifel
- Erzgebirge/Vogtland
- Franken
- Frankfurt
- Hamburg
- Harz
- Heidelberg
- Köln
- Lausitz/Spreewald/Zittauer Gebirge
- Leipzig
- Lüneburger Heide/Wendland
- Mark Brandenburg
- Mecklenburgische Seenplatte
- Mosel
- München
- Nordseeküste Schleswig-Holstein
- Oberbayern
- Ostfriesische Inseln
- Ostfriesland/Nordseeküste Niedersachsen/Helgoland
- Ostseeküste Mecklenburg-Vorpommern
- Ostseeküste Schleswig-Holstein
- Pfalz
- Potsdam
- Rheingau/Wiesbaden
- Rügen/Hiddensee/Stralsund
- Ruhrgebiet
- Schwäbische Alb
- Schwarzwald
- Stuttgart
- Sylt
- Thüringen
- Usedom
- Weimar

ÖSTERREICH | SCHWEIZ
- Berner Oberland/Bern
- Kärnten
- Österreich
- Salzburger Land
- Schweiz
- Tessin
- Tirol
- Wien
- Zürich

FRANKREICH
- Bretagne
- Burgund
- Côte d'Azur/Monaco
- Elsass
- Frankreich
- Französische Atlantikküste
- Korsika
- Languedoc-Roussillon
- Loire-Tal
- Nizza/Antibes/Cannes/Monaco
- Normandie
- Paris
- Provence

ITALIEN | MALTA
- Apulien
- Capri
- Dolomiten
- Elba/Toskanischer Archipel
- Emilia-Romagna
- Florenz
- Gardasee
- Golf von Neapel
- Ischia
- Italien
- Italienische Adria
- Italien Nord
- Italien Süd
- Kalabrien
- Ligurien/Cinque Terre
- Mailand/Lombardei
- Malta/Gozo
- Oberital. Seen
- Piemont/Turin
- Rom
- Sardinien
- Sizilien/Liparische Inseln
- Südtirol
- Toskana
- Umbrien
- Venedig
- Venetien/Friaul

SPANIEN | PORTUGAL
- Algarve
- Andalusien
- Barcelona
- Baskenland/Bilbao
- Costa Blanca
- Costa Brava
- Costa del Sol/Granada
- Fuerteventura
- Gran Canaria
- Ibiza/Formentera
- Jakobsweg/Spanien
- La Gomera/El Hierro
- Lanzarote
- La Palma
- Lissabon
- Madeira
- Madrid
- Mallorca
- Menorca
- Portugal
- Sevilla
- Spanien
- Teneriffa

NORDEUROPA
- Bornholm
- Dänemark
- Finnland
- Island
- Kopenhagen
- Norwegen
- Schweden
- Stockholm
- Südschweden

WESTEUROPA | BENELUX
- Amsterdam
- Brüssel
- Dublin
- England
- Flandern
- Irland
- Kanalinseln
- London
- Luxemburg
- Niederlande
- Niederländische Küste
- Schottland
- Südengland

OSTEUROPA
- Baltikum
- Budapest
- Estland
- Kaliningrader Gebiet
- Lettland
- Litauen/Kurische Nehrung
- Masurische Seen
- Moskau
- Plattensee
- Polen
- Polnische Ostseeküste/Danzig
- Prag
- Riesengebirge
- Russland
- Slowakei
- St. Petersburg
- Tschechien
- Ungarn
- Warschau

SÜDOSTEUROPA
- Bulgarien
- Bulgarische Schwarzmeerküste
- Kroatische Küste/Dalmatien
- Kroatische Küste/Istrien/Kvarner
- Montenegro
- Rumänien
- Slowenien

GRIECHENLAND | TÜRKEI | ZYPERN
- Athen
- Chalkidiki
- Griechenland Festland
- Griechische Inseln/Ägäis
- Istanbul
- Korfu
- Kos
- Kreta
- Peloponnes
- Rhodos
- Samos
- Santorin
- Türkei
- Türkische Südküste
- Türkische Westküste
- Zakinthos
- Zypern

NORDAMERIKA
- Alaska
- Chicago und die Großen Seen
- Florida
- Hawaii
- Kalifornien
- Kanada
- Kanada Ost
- Kanada West
- Las Vegas
- Los Angeles
- New York
- San Francisco
- USA
- USA Neuengland/Long Island
- USA Ost
- USA Südstaaten/New Orleans
- USA Südwest
- USA West
- Washington D.C.

MITTEL- UND SÜDAMERIKA
- Argentinien
- Brasilien
- Chile
- Costa Rica
- Dominikanische Republik
- Jamaika
- Karibik/Große Antillen
- Karibik/Kleine Antillen
- Kuba
- Mexiko
- Peru/Bolivien
- Venezuela
- Yucatán

AFRIKA | VORDERER ORIENT
- Agypten
- Djerba/Südtunesien
- Dubai/Vereinigte Arabische Emirate
- Israel
- Jerusalem
- Jordanien
- Kapstadt/Wine Lands/Garden Route
- Kenia
- Marokko
- Namibia
- Qatar/Bahrain/Kuwait
- Rotes Meer/Sinai
- Südafrika
- Tunesien

ASIEN
- Bali/Lombok
- Bangkok
- China
- Hongkong/Macau
- Indien
- Japan
- Ko Samui/Ko Phangan
- Malaysia
- Nepal
- Peking
- Philippinen
- Phuket
- Rajasthan
- Shanghai
- Singapur
- Sri Lanka
- Thailand
- Tokio
- Vietnam

INDISCHER OZEAN | PAZIFIK
- Australien
- Malediven
- Mauritius
- Neuseeland
- Seychellen
- Südsee

REGISTER

Im Register sind alle in diesem Reiseführer erwähnten Orte, Ausflugsziele und Strände verzeichnet. Halbfette Seitenzahlen verweisen auf den Haupteintrag, kursive auf ein Foto.

Adatepe 35
Ağaçbaşı 74
Aigai (Nemrut Kalesi) 43
Akkum 65
Akliman-Bucht 34
Akyaka 101f.
Akyarlar 74, 102
Alaçatı 13, 23, 55ff., 102
Aliağa 54
Allianoi 43
Alsancak 64
Altın Sahil 82
Altınkum 57
Altınoluk 23, 29, 106
Altınova/Sahil 37
Amazon Koyu 92
Ancona 57
Antalya 8
Aphrodisias 97
Aşağı 28
Aşağı Mazı 75
Asklepieion 43
Assos 23, **31ff.**, 46
Atalanı Manisa 106
Ayana 46
Ayayorgi 55
Ayazma 46
Aydın 97
Aydıncık 51
Ayvacık 29
Ayvalık 21, 23, 25, 29, 31, **35**, 46, 103, 111
Babadağ 97
Babakale 34
Bafa Gölü/Bafa-See 83f.
Balıkesir 10
Becin 94
Behramkale s. Assos
Bergama s. Pergamon
Beşparmak-Gebirge 83
Bigalı 48
Bitez 72, 74
Bodrum 8 ff., 12 ff., 22f., 28f., 66, **67ff.**, 75, 78, 94ff., 101, 102, 105, 108, 111
Bodrum-Halbinsel 68, **74f.**, 102
Bördübet, Bucht von 107
Boyalık 55
Bozburun 23, 78, 89, **93**, 102
Bozcaada 9, 21, 23, 30, **44ff.**,
Brindisi 57
Buca 15
Burhaniye 29
Bursa 10, 13
Büyük Kemikli Burnu 49f.

Büyükdeniz 59
Çamlık 81
Çamlımanı 82
Çanak 46
Çanakkale 23, 25, 30, 34, **47ff.**, 105, 111
Çandarlı 23, **43f.**, 105
Çapraz 46
Celsus-Bibliothek 22
Cennet Adası 92
Çeşme 13, 29, 45, 54, **55ff.**, 60, 102
Çeşme-Halbinsel 103
Chios 57
Çiftlikköy 58
Çınar 101
Çökertme 96
Çubucak, Bucht von 90
Cunda (Alibey Adası) 37, **38**
Cyssus s. Çeşme
Dalaman 89, 108
Dalaman-Fluss 91, 102
Dalyanköy 57
Dardanellen 9, 30, 44, 47, 49, 103
Dardanos 49
Datça 11, 22f., **75ff.**, 78, 89, 102, 107
Datça-Halbinsel 67, 75, 103, 107
Değirmenler 46
Deli Mehmet Taşları 103
Denizli 97
Didyma/Didim 9, 17, 80, **84f.**
Dikili 37, 39f., **44**
Dilek-Nationalpark 82, **85**
Edremit 30, 106, 108
Edremit, Golf von 23, 29
Ephesos/Selçuk 9, 18, 22f., 57, 64, 66, 80, **85ff.**
Erythrai 58
Eşek Adası 57
Eski Foça s. Foça
Fener 102
Fethiye 14
Foça 25, 54, **59ff.**, 106, 111
Gallipoli s. Gelibolu
Gelibolu-Halbinsel 47, 49, 52
Gelibolu-Nationalpark 30, **51**
Gemlik, Bucht von 21
Germencik 97
Göcek 14
Gökbel 96
Gökçeada 9, 30, **51f.**

Gökova, Golf von 9, 66, 71f., 75, 78, 89, 93ff., 101f., *104/105*
Gölturkbükü 74
Gümbet 68, 72, 74
Gümbet-Bucht 102
Gümüşkesen 74f.
Günnücek 92
Güvercinada/Tauben-insel 80, 82f.
Güvercin-Insel 39
Güvercinler 75
Güvercinlik 72
Güzelyalı 49
Halikarnassos s. Bodrum
Hastane Altı 77
Havran 29
Hayıtbükü-Bucht 107
Herakleia 83f.
Hierapolis s. Pamukkale
Hisarönü-Bucht 90
Hızırşah 76, 78
İçmeler 89
Ildırı 58
Ilıca 55, 57
Ilıca-Çeşme 15
Incir 106
İstanbul 10, 19, 31, 47
İzmir 8 ff., 13 f., 19, 21 ff., 24, 31, 35, 39, 54, **60ff.**, 66, 75, 79, 98ff., 102f., 105, 108, 111
Kabatepe 51f.
Kadın Azmağı 101
Kadınlar Plajı 82
Kadırga, Bucht von 32
Kaleiçi 83
Kaleköy 52
Kalkım 35
Kapıkiri 84
Karaburun 58
Karaburun-Halbinsel 58f.
Karaincir 74
Karaköy s. Körmen
Karantina-Insel 65
Karaova 96
Kargı 74, 77
Karşıyaka 64
Kas/Antalya 72
Kazdagi/Berg Ida 29f., **34f.**, 36, 106
Kekova 72
Keramos 95
Kilise Koyu 92
Kilitbahir 51
Kız Adası 103
Kızlan-Bucht 76
Klaros 64
Klazomenai 65
Knidos 77f.

Kocatarla 46
Körmen 78
Köyceğiz-See 67
Kozak 28
Küçükdeniz 59
Küçükkuyu 29, 35
Kumluk 77
Kuşadası 64, 66, **79ff.**, 97, 102, 106
Lagor 46
Lesbos 37
Liman 46
Manisa 106
Marmaris 9, 14, 22f., *24/25*, 28f., 66, 72, **89ff.**, 101, 102, 105, 108, 111
Marmaros-Strand 51
Marseille 59
Mazı **75**, 96
Menderes (Mäander) 88
Merkez 52
Mersinaki-Buchten 59
Metropolis/Yeniköy 64
Milas 23, 71, **75**, 94
Milet 9, 18, 23, 57, 66, 80, 83, **87**
Muğla 23
Mumcular 75
Nara 48
Nazilli 97
Notion 64
Odun İskelesi/Geyikli 45
Orak 106
Ören 94
Ortakent-Yahşi 74
Palamut-Berg 101
Palamutbükü 77
Pamukkale 97, *94/95*, *118/119*
Pascha 74
Patrice 37, **39**
Pergamon 9, 17, 28, 30, 33, **39ff.**, 46, 57
Phokaia s. Foça
Physkos s. Marmaris
Poyraz 46
Priene 9, 18, 57, 66, **88**
Reşadiye 78
Reşadiye-Halbinsel s. Datça-Halbinsel
Rhodos 11, 69, 72, 78, 92
Samos 64, 79, 82
Samsun-Berg 88
Sardes 64, *107*
Sarımsaklı 37f.
Saros, Golf von 30, 103, 47, 49ff., 103
Seddülbahir 51

> **www.marcopolo.de/tuerkei-westkueste**

Sedir Adası/Cedreae 93, 102
Selçuk 22, 81, 86
Şeytan Sofrası 39
Şifalı Göl 77
Sığacık 64
Simi s. Sömbeki
Şirince 23, 88f.
Smyrna s. İzmir
Söke 97
Sömbeki 77f.
Spil-Nationalpark 106
Sulubahçe 46
Tahtakuşlar 106

Taşbükü 93
Taşlık 77
Tavas 97
Tenedos s. Bozcaada
Teos 64f.
Tilkicik 74
Tralleis 97
Troja 9, 16, 23, 30, 33, 47f., 52
Truva s. Troja
Turgutreis 102
Turunç 6/7, 89
Turunç-Bucht 91
Tusan Plajı 83

Üçüncü Küçük Cep 91
Uğurlu 52
Ula 23
Ulu Camii 94
Urla 15, 65
Uzun Plajı 83
Yahşi-Bucht 74
Yalıkavak 74
Yanıklar 14
Yeni Bademli 52
Yeni Foça s. Foça
Yenice 49
Yeniköy 75
Yıldız Koyu 28, 52, 75, 96

> SCHREIBEN SIE UNS!

Liebe Leserin, lieber Leser,

wir setzen alles daran, Ihnen möglichst aktuelle Informationen mit auf die Reise zu geben. Dennoch schleichen sich manchmal Fehler ein – trotz gründlicher Recherche unserer Autoren/innen. Sie haben sicherlich Verständnis, dass der Verlag dafür keine Haftung übernehmen kann.

Wir freuen uns aber, wenn Sie uns schreiben.

Senden Sie Ihre Post an die MARCO POLO Redaktion, MAIRDUMONT, Postfach 31 51, 73751 Ostfildern, info@marcopolo.de

IMPRESSUM

Titelbild: Halbinsel Pansiyon Sisyphos, roter Hibiskus (Bilderberg: R. Schultheiss)
Fotos: A Tango Zone Dance Studio (15 o.); Babylon Alaçati (99 u. r.); Bilderberg: R. Schultheiss (1); Uğur Çalişkan (99 o. l.); ÇARPICI TASARIM LTD.STI AND PICANTE TUR.LTD.STI (13 u.); © fotolia.com: drx (13 o.), Vladimir Kondrachov (98 u. r.), Sergey Rusakov (98 o. l.), Ferah K.Güzey (14 u.); R. Hackenberg (Klappe Mitte, 3 l., 22, 28, 37, 40, 44, 47, 50, 53, 72); HB Verlag: Wrba (U. l., 8/9, 11, 16/17, 19, 24/25, 28/29, 34, 38/39, 42, 51, 56, 65, 79); Huber: Damm (66/67), Schmid (2 l., 6/7, 22/23, 29, 54/55, 77, 80/81, 83, 91); Giovanni Simeone (94/95, 118/119); © iStockphoto.com: Galina Barskaya (14 o.), Yanik Chauvin (99 M. r.), Susan Fox (15 M.), Olaf Loose (98 M. l.), Linda & Colin McKie (99 M. l.), Michael Svoboda (15 u.); Kitesurfbeach: David (98 M. r.); Laif: Amme (U. r., 96, 104/105), Harscher (48), Reimer (100/101), Tophoven (3 r., 27, 58, 75, 103); Laif/IML: Manousos (26); Laif/Nar Photos: Serra Akcan (23); Laif/Redux: The New York Times (88); Laif/Zenit: Langrock (70); Nesrin Tanc (12 o.); Picture-Alliance: H. Isachar (61); Six Senses Resorts & Spas: Jörg Sundermann (12 u.); E. Wrba (2 r., 3 M., 4 l., 4 r., 5, 20, 30/31, 32, 62, 68, 84, 87, 92, 107, 113); D. Zaptçıoğlu und J. Gottschlich (130)

3, aktualisierte Auflage 2009
© MAIRDUMONT GmbH & Co. KG, Ostfildern
Chefredaktion: Michaela Lienemann, Marion Zorn
Autoren: Dilek Zaptçıoğlu, Jürgen Gottschlich; Redaktion: Jens Bey
Programmbetreuung: Cornelia Bernhart; Bildredaktion: Barbara Schmid, Gabriele Forst
Szene/24h: wunder media, München
Kartografie Reiseatlas: © MAIRDUMONT, Ostfildern
Innengestaltung: Zum goldenen Hirschen, Hamburg; Titel/S. 1–3: Factor Product, München
Sprachführer: in Zusammenarbeit mit Ernst Klett Sprachen GmbH, Stuttgart, Redaktion PONS Wörterbücher
Das Werk einschließlich aller seiner Teile ist urheberrechtlich geschützt. Jede urheberrechtsrelevante Verwertung ist ohne Zustimmung des Verlages unzulässig und strafbar. Das gilt insbesondere für Vervielfältigungen, Übersetzungen, Nachahmungen, Mikroverfilmungen und die Einspeicherung und Verarbeitung in elektronischen Systemen.
Printed in Germany. Gedruckt auf 100% chlorfrei gebleichtem Papier

> UNSERE AUTOREN

Ein Interview mit den MARCO POLO Insidern Dilek Zaptçıoğlu und Jürgen Gottschlich

Dilek Zaptçıoğlu ist gebürtige İstanbulerin. Jürgen Gottschlich lebt seit zehn Jahren in der Stadt am Bosporus.

Was gefällt Ihnen an der Ägäisküste?

Sie ist zerfurcht, mit unzähligen Buchten und steil ins Meer fallendem Gebirge. Wir sind fasziniert von ihrem Charme und der tiefblauen Farbe. Wer abseits touristischer Pfade Wälder, Wind und wilde Natur liebt, muss an die Westküste.

Wo leben Sie genau?

Wir leben seit vier Jahren auf der asiatischen Seite İstanbuls. Dort haben wir ein kleines Haus nahe am Bosporus.

Kommen Sie viel an der türkischen Westküste herum?

Jedes Jahr, denn das ist unser Lieblingsurlaubsgebiet in der Türkei. Wir fahren am liebsten nach Ayvalik, wo wir ein Sommerhaus haben, und auf die faszinierende Wein-Insel Bozcaada. Im Sommer gehen wir auch gerne campen oder machen eine Blaue Reise.

Was macht denn den Charme von Ayvalik aus?

Die südliche Ägäisküste ist touristisch erschlossener als der windige, unberührte Norden. Am Golf von Edremit, zwischen Olivenhainen, Ziegenherden und den Bergen im Hinterland, fühlt man sich wie im Paradies. Soviel unberührte Natur ist heutzutage eine seltene Kostbarkeit geworden!

Was gefällt Ihnen an der Ägäis nicht so?

DZ: Das kühle Badewasser, vor allem im nördlichen Teil! Denn ich liebe Badewannentemperaturen. Aber man gewöhnt sich daran und genießt am Ende die Erfrischung.

Was genau machen Sie beruflich?

Wir arbeiten als Korrespondenten für verschiedene deutsche Rundfunkanstalten und Zeitungen. Daneben verfassen wir Bücher.

Mögen Sie die Küche an der Ägäis?

Ja, denn hier wird immer mit gutem Olivenöl und frischen Kräutern gekocht. Wir lieben alle Salate der Ägäis, vor allem den Meeresbohnensalat *(deniz börülcesi)*. Auch die Nudelsoßen mit frischem Basilikum oder Thymian gehören zu unseren Favoriten.